厚生労働省・各都道府県・中央職業能力開発協会・各都道府県職業能力開発協会

改訂第3版

国家検定
商品装飾展示技能検定
ガイドブック

日本ビジュアルマーチャンダイジング協会 編著

商品装飾展示の**基礎知識**
解説を掲載

1級・2級・3級
過去問題4年分収載
（解説・解答付き）

学科編

1. 色相環

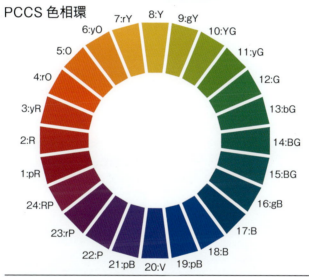

2. 色の三属性

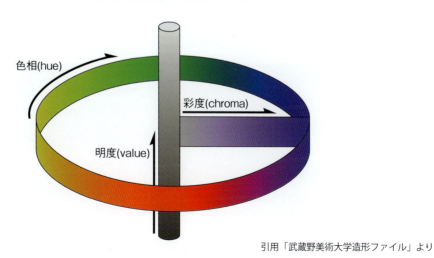

引用「武蔵野美術大学造形ファイル」より

3. 明度対比

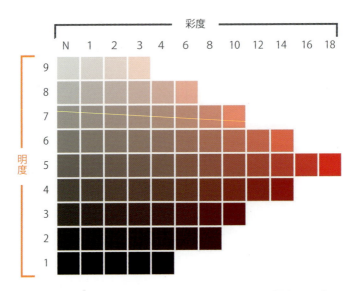

マンセル表色系・等色相カラーチャート（色相：5R）

明度対比

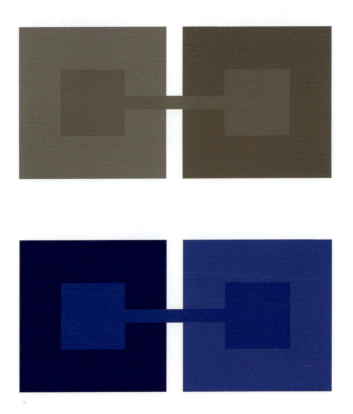

引用「武蔵野美術大学造形ファイル」より

4.彩度対比

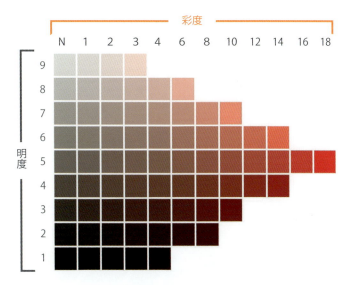

マンセル表色系・等色相カラーチャート（色相：5R）

彩度対比

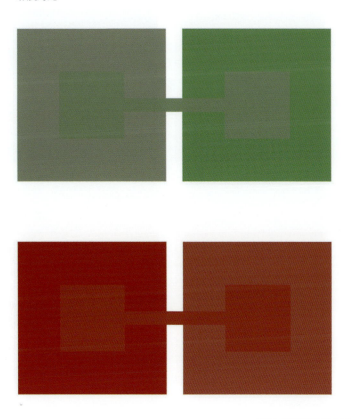

引用「武蔵野美術大学造形ファイル」より

5. 色相対比

マンセル色相環

色相対比

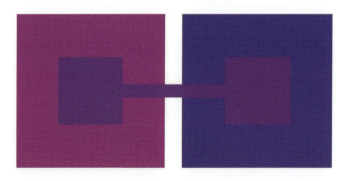

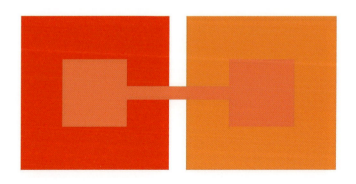

引用「武蔵野美術大学造形ファイル」より

✧ 改訂第3版発行にあたって ✧

　改訂版を発行するにあたって、過去の受検者、読者、指導の諸先生方からのご意見を参考に、従来の1冊にすべてを網羅するというスタイルから大改革をし、学科と実技の2部仕立てとしました。検定に必要な知識の「学科編」と実務作業の「実技編」とに分けることにより、受検者はもとより、商品装飾展示に従事する方々にも、より使いやすく学びやすいものとしました。

　小売業の現況は、近年のネットや通販など無店舗販売の台頭とともに、実店舗の実情においてはより多くのお客さまを集客し、購買行動を刺激し、購買意欲をそそる的確な商品提案がますます必要になってきています。

　さらに、実店舗であるからこそ可能な、店頭や店内での、新鮮で話題性のある商品の美しい演出や、エンターテインメント空間としての魅力的表現などを、より高度に磨き上げた技法によって作り上げていく必要性が高まっています。

　しかし、こうした小売業における日々の営みが、行き当たりばったりで適当に行われているとしたら効果は期待できません。基本的な商環境のあり方や、商業にかかわるさまざまな知識、商空間を演出表現する美意識、商品の魅力を的確に伝える展示や陳列技法などを正しく修得して、日々怠ることなく実践して初めて、お客さまを満足させることができ、本来の小売業の姿が実現するのです。

　店で見かける「商品装飾展示」には時として間違った解釈や技法で実践されているものがあります。そのために商機を逸したり、商品の魅力が半減したりして、顧客満足を得るどころか、サイレントクレーマーを生み出しているかもしれません。あいまいな知識と自己流の売場づくりや商品提案をしていては、決して良い店、よく売れる店にはなれないのです。店にかかわる人々が自覚をもって専門的な知識と技術を身につけることが何より大切です。

　本書で解説している「商品装飾展示技能検定」は、商品装飾展示の一連の仕事と専門的にかかわっている人をはじめ、これからその道を目指したい人、また自分自身のキャリアアップをしたい人の技能と知識の実力を計る試験です。全国から寄せられた多くの受検者の方々のご要望にお応えするためにテキスト本として編集しました。受検を志す方はもとより、デコレーター、ビジュアルコーディネイター、ビジュアルマーチャンダイザー、販売スタッフ、ショップディレクターなど、日常業務で商品装飾展示（マーチャンダイズプレゼンテーション）にかかわるすべての方々

に必要不可欠な知識と技法を、「学科編」と「実技編」の2冊にまとめています。

「商品装飾展示技能検定」は国家検定ですから、合格すれば大きな自信となるでしょう。本書は「学科編」と「実技編」の2冊にそれぞれの基礎知識と過去問題を級別に掲載しています。自分自身の力量や、得意不得意に合わせて学習することができ、今まで分からなかった事柄の詳細についても丁寧に解説してあります。

また、実際に過去に出題された問題を平成27〜30年度まで掲載してあるので、模擬テストとして挑戦することができます。受検を目指す人は、合格を目標に掲げ、繰り返し学習することで、「学科編」の知識も「実技編」の技法も必ず身につきます。いずれもバランス良く修得していただきたいと願っています。

本書への過去問題の掲載を許諾認可していただいた中央職業能力開発協会と、快く編集出版のご協力をいただいた繊研新聞社出版部に深く感謝いたします。

日本ビジュアルマーチャンダイジング協会
「商品装飾展示技能検定ガイドブック」編集委員会

❖ 本書の構成と特徴について ❖

　本書は既刊の『商品装飾展示技能検定ガイドブック』で利用しにくかった点や分かりにくかった点などを改良し、検定に必要な基礎知識と技法、過去問題を「学科編」と「実技編」に分冊する形で、学びやすく、携帯しやすくしました。また、体裁もB5判と大きくし、説明図等のレイアウトなども見やすく分かりやすくしました。

（1）学科編
　商品装飾展示技能検定の学科試験に沿って、必要な基礎知識を徹底解説しています。商品装飾展示にかかわる分野の幅は広く、受検を志す方々から「どのような範囲と程度の知識を習得するべきかが分からない」という声が多く聞かれました。本書の解説については、日本ビジュアルマーチャンダイジング協会からすでに出版されている『VMD用語事典』の用語を基準に、関連項目と専門用語をより深く詳細にまとめてあります。

（2）学科過去問題
　平成27年度から平成30年度までの過去4年間の各級の学科試験で、実際に出題された問題と解答を掲載しています。さらに「ここがポイント」といったところを問題文からピックアップし、各級、各年度の過去問題ごとに後のページで分かりやすく丁寧に解説しています。問題を解きながら重要用語や知識を記憶していくことができ、より身につく内容になっています。また、最初は解説を見ないで過去問題に挑戦するという人も、解答があるので自己採点ができ、現在の自分の実力が分かり、不得意分野を知ることができます。

（3）技能検定受検の手引き
　初めて受検する人や指導する人にも分かりやすく、学科試験の学習ポイントや技能検定制度について説明しています。合格のための学習ポイントや検定の概要、検定受検者数と合格者数の推移、技能検定に関するQ＆Aも掲載しました。また、検定受検のあらましと受検資格、受検料などについても詳しくご案内しています。

CONTENTS

改訂第 3 版発行にあたって　001
本書の構成と特徴について　003

PART 1　商品装飾展示の基礎知識

VMD の知識と展開の基本　008
　ビジュアルマーチャンダイジングの意義　008
　　ビジュアルマーチャンダイジングの発生　010
　マーチャンダイズプレゼンテーション（MP）　011
　　ビジュアルプレゼンテーション（VP）　011
　　ポイントオブセールスプレゼンテーション（PP）　012
　　アイテムプレゼンテーション（IP）　012
　商品の販売促進　013
　　4 つの促進区分　013
　　消費者向けの販促　014
　　ストアロイヤルティーを高める 3 つのポイント　014
　　アイドマの法則のポイント　015
　　商品のライフサイクルに対応した販売促進　015
　商品装飾展示が行われる業態と業種　017
　　小売業にかかわる基本用語　017
　　主な業態の内容　019
　展示場所の種類、特徴、使用方法　021
　　展示場所の機能と特徴　021
　売場の構成と機能　023

商品装飾展示にかかわる知識と用語　025
　商品装飾展示の用語　025
　分類方法別に商品特性を知る　027
　消費者の行動から推し量る　028

商品装飾展示におけるデザイン　030
　　造形における7つの美の要素　030
　　テーマ訴求のための構成法　032
　　VPのモチーフに使われる造形の様式　034

色彩の機能と効果　038
　　体系化されている色の基礎　038
　　イメージと色　040
　　性質によって異なる色の機能と効果　041
　　配色＝色の組み合わせについての基本　042

照明の機能と効果　045
　　光の表示単位＝機能や効果の違いや度合い　045
　　照明器具の種類　046
　　さまざまな光源の種類と機能　047
　　店舗における照明の機能と効果　048

商品装飾展示に使用する用具　050

関係法規と安全衛生の知識　053
　　商品装飾展示に関係する法規　053
　　商品装飾展示に伴う安全衛生の法規　054

PART2　学科の過去問題 解答と解説

学科 問題と解説（平成27～30年度）　056
　3級
　　平成27年度技能検定3級商品装飾展示学科試験問題　057
　　平成28年度技能検定3級商品装飾展示学科試験問題　062
　　平成29年度技能検定3級商品装飾展示学科試験問題　067
　　平成30年度技能検定3級商品装飾展示学科試験問題　072
　2級
　　平成27年度技能検定2級商品装飾展示学科試験問題　076
　　平成28年度技能検定2級商品装飾展示学科試験問題　087

平成29年度技能検定2級商品装飾展示学科試験問題　　098
平成30年度技能検定2級商品装飾展示学科試験問題　　108
1級
平成27年度技能検定1級商品装飾展示学科試験問題　　119
平成28年度技能検定1級商品装飾展示学科試験問題　　133
平成29年度技能検定1級商品装飾展示学科試験問題　　147
平成30年度技能検定1級商品装飾展示学科試験問題　　159

PART3　技能検定受検の手引き

技能検定制度とは　172
技能検定の概要／技能検定の実施機関／技能検定の等級区分／技能検定試験の実施日程／受検手数料／受検資格／申請受付の条件
昭和61〜平成30年度商品装飾展示技能検定受検状況／平成21〜30年度商品装飾展示技能検定実施公示状況

「商品装飾展示」技能検定 Q&A　178
都道府県職業能力開発協会リスト　180

[付録] 商品装飾展示技能検定試験の試験科目及びその範囲並びにその細目　184
参考文献　193
あとがき　194

改訂第3版　国家検定
商品装飾展示
ガイドブック　技能検定

PART 1
商品装飾展示の基礎知識

VMDの知識と展開の基本

　ビジュアルマーチャンダイジング（VMD）は、マーチャンダイジング（商品の計画、商品の政策）とマーケティング（販売やサービスを促進する活動）にかかわる考え方です。マーチャンダイジングをお客さまに伝えるため、商品そのものやショーウインドウと店内（インストア）での商品プレゼンテーション（merchandise presentation）、さらに店舗の環境など目に見える多くの要素を、総合的に考えて表現する仕組みと方法です。さらに高度な表現には、テクニックやアイデア、デザインに通じているだけでなく、マーチャンダイジングやマーケティングの深い知識も必要となります。

ビジュアルマーチャンダイジングの意義

　商品のディスプレイは、単に高い技能をもって美しく装い飾るだけのものではなく、時代を経るにつれてビジネスマインドに適応したデザインをすることへと変化してきました。同時にコンセプトに基づいたスタイリングという意識も高まり、商品ディスプレイをマーチャンダイジングやマーケティングの意識に近づけたといえるでしょう。
　一方、マーチャンダイジングはマーケティングに含まれる概念であるという観点から、マーチャンダイジングから派生したビジュアルマーチャンダイジングもマーケティングの一環である、という見方ができます。
　ビジュアルマーチャンダイジングは、アメリカでマーケティング、マーチャンダイジングに次いで言語化された概念です。日本には1970年代に本格的に伝えられました。ディスプレイは、明治期の学者により「陳列」、あるいは「展示」と翻訳されましたが、ビジュアルマーチャンダイジングは翻訳されず、今も原語のまま使われています。
　日本で慣用されているVMDは、Visualの「V」、Merchandisingの「M」と「D」を抜き出した、和製の略語です。アメリカなどで使われるVMという略語が採用されなかったのは、日本ではすでにマーチャンダイジングがMDと省略されていたからです。ビジュアルマーチャンダイジングの概念が言語化され、実践されたアメリカ及びイギリスでは、略語が必要な場合にはVMを使用しています。
　1988年当時、日本ビジュアルマーチャンダイジング協会は、ビジュアルマーチャンダイジングを次のように定義しました。

「ビジュアルマーチャンダイジングとは、文字どおりマーチャンダイジングの視覚化である。それは企業の独自性を表し他企業との差異化をもたらすために、流通の場で商品をはじめ全ての視覚的要素を演出し管理する活動である。この活動の基礎になるものがマーチャンダイジングであり、それは企業理念に基づいて決定される」

ビジュアルマーチャンダイジングについては、国内外でいくつかの解釈が存在します。その解釈の差異は、マーチャンダイジングそのものの解釈と手法に由来するようです。またマーチャンダイジングには、お客さまに合わせた絶え間ない検証が必要です。それぞれのマーチャンダイジングはさまざまな商品（マーチャンダイズ）を生み出します。そしてその特徴を、視覚を通じて適切なスタイルで伝えるため、表現も多様になるのです。論や説は多くても、実は通底することがあります。それは、「美しく装い飾る」という行為に限定した狭義のディスプレイとビジュアルマーチャンダイジングは同義ではなく、狭義のディスプレイはビジュアルマーチャンダイジングの一機能とする考え方です。

1953年に、ビジュアルマーチャンダイジングを標榜する書籍が出版され、注目を集めました。「Visual Merchandising and it's techniques」という副題を伴った『The drama of display』という書籍です。ジム・バックリー（Jim Buckley）氏により、アメリカで出版されました。

ビジュアルマーチャンダイジングの厳密な定義には及んでいませんが、「ショーウインドウディスプレイは職人のスキルではなく、ビジネスマインドが適応されたデザインである」とし、当時の認識と状況がすでに現在のビジュアルマーチャンダイジングの考え方に近いことを示唆しています。掲載された事例も、単なる秀作ディスプレイ写真集ではなく、造形と技術とデザイン理論の体系化が試みられています。書名にあるドラマという語とビジュアルマーチャンダイジングは今ではなじみにくい感がありますが、ショーウインドウスタイルの発展史から観察すると理解できます。当時のショーウインドウは、ファンタジーを伴うドラマ仕立てのものが少なくなかったからです。

ショーウインドウディスプレイに至る歴史を遡ると、ショーウインドウドレッシング、ショーウインドウトリミング、ショーウインドウフィリングへとスタイルの変遷がありました。

ビジュアルマーチャンダイジングはディスプレイと異なるという見解は、専門家の職能と職能名の変化に表れています。ショーウインドウの職人であるショーウインドウトリマーに始まり、装飾家としてのショーウインドウドレッサー、クリエーションをする人という意味でのディスプレイマン、ディスプレイパーソンへ。そしてビジネスにかかわるというニュアンスで、ビジュアルマーチャンダイザーと呼ばれるようになったといういきさつがあります。

1975年にアメリカの専門誌が、ディスプレイに代わってビジュアルマーチャンダイジングの語

を誌名に採用したことが象徴するように、ディスプレイはビジュアルマーチャンダイジングの一機能という認識が広まりました。1970年代の後半には、アメリカの百貨店が、ビジュアルマーチャンダイジングにより活力を取り戻します。1979年にはニューヨーク・タイムズが、その模様をビジュアルマーチャンダイジングの記事として伝えるまでになりました。

日本では、アメリカのコンサルタント会社により百貨店へのビジュアルマーチャンダイジングの指導と実践が行われました。その際に用いられたコンサルタント会社独自の用語には、その後の日本で普通名詞のように定着をしたものが少なくありません。

ビジュアルマーチャンダイジングの発生

ビジュアルマーチャンダイジングという語は、1944年にアメリカのディスプレイ業者（display manufacturer）のアルバート・ブリス（Albert Bliss）氏により主唱された、とアメリカの専門図書に記載されています。

この頃のアメリカは、第2次世界大戦によって輸出市場を失った物資の流通促進が、懸命に図られていました。1945年に戦争が終わった後は、社会の多様性が競争のエネルギーとなり、マーケティングを進化させました。

今日的なマーケティングは、20世紀初頭からアメリカで急速に発展した概念です。マーケティングという語そのものも、マーケット（market: 市場に出す、売り込む）という動詞からきたものです。このマーケティングがビジュアルマーチャンダイジングにかかわるのは、第2次世界大戦以降です。

新しいマーケティングの発想は、単に市場における競争力を得ることにとどまらず、消費者指向に基づき、お客さまの立場を重視するというものでした。マーチャンダイジングも同様に、消費者指向で消費動向、商品動向、競合他社動向を把握したうえで、お客さまに適品を適時・適量・適所・適価でプログラミングするという合理的な思考です。加えてマーチャンダイジングは、商品プレゼンテーションまで注目するようになり、ビジュアルマーチャンダイジングの発生につながりました。

もともとマーチャンダイジングは、メーカーの商品化計画と、小売店の商品化政策とに分けて考えられてきました。その状況が大きく変化したのは、コンピューターの登場以降のことです。大規模な製造と販売が直結した新しいビジネスモデルが生まれ、物づくりと小売りを連動させた緻密な経営が可能になりました。

マーチャンダイズプレゼンテーション（MP）

　商品プレゼンテーション（merchandise presentation）は欧・米・日共通の用語で、必要に応じてMPという略語で表します。

　マーチャンダイズプレゼンテーションという語が特に必要となったのは、ショーウインドウと店内の両方で商品を見せるというスタイルが普及したからです。商品のプレゼンテーションが、主としてショーウインドウに集中していた19世紀から20世紀中葉までは、ディスプレイといえばショーウインドウでした。

　20世紀の後半から「商品のプレゼンテーションはショーウインドウだけでなく店内でも重要」という認識が高まり、店内の商品プレゼンテーションにも力が注がれるようになりました。それらはともに、商品を魅力的に、見やすく、分かりやすく、選びやすく見せようという意識を高めました。

　しかし、商品の見せ方の進化は、商品の見せ方にかかわるそれまでの語彙では表現しきれなくなります。そこでマーチャンダイズプレゼンテーションという語は、ディスプレイとビジュアルプレゼンテーション（後述、用語説明あり）の上位概念として認識され、位置づけられていったのです。

　日本の百貨店にビジュアルマーチャンダイジングの概念と技術をもたらしたアメリカのコンサルタント会社は、独自の用語により、ビジュアルマーチャンダイジングの体系の中で商品プレゼンテーションを次のように表現しました。

①ショーウインドウや店内に特設したステージ、特定のスペースで印象深く商品を見せるビジュアルプレゼンテーション（略語VP）。

②店内の棚やテーブル、ラック、平台などの近くで、商品をピックアップして見せるポイントオブセールスプレゼンテーション（略語PP）。

③店頭販売のためにストックされた商品を、順序・配列を考えて並べるアイテムプレゼンテーション（略語IP）。

　などです。もちろん、これらと同義、類似した概念や用語は国内外に存在します。

ビジュアルプレゼンテーション（VP）

　ビジュアルプレゼンテーションは、ショーウインドウやステージなど、特定の場所で行います。ビジュアルマーチャンダイジングの体系の中では、ビジュアルプレゼンテーションやディスプレイは単に造形表現をするのではなく、マーチャンダイジングの店頭展開における「様相」や「局

面（aspect）」などと位置づけられています。

　プレゼンテーションは、目前で紹介するという原義が示すように、ディスプレイと比べて商品そのものと商品コンセプトを率直・明瞭に伝えるという趣があります。

　プレゼンテーションはアメリカで進化したアピール方法で、多くの広告スタイルと同様に、装飾性を排したシンプルなイメージが特徴といえます。新聞記事の見出しのようなもので、直截にメッセージを伝える機能をもちます。またその表現は、標本サンプル的なもの、演出性のあるものなど、マーチャンダイジングコンセプトとアートディレクション[※1]によりさまざまです。

　ビジュアルプレゼンテーションに添える小道具はプロップスといわれ、発信するメッセージを強化します。ビジュアルプレゼンテーションはライティングと相まって、売場の中でも特別なアクセントやハイライトとなり、お客さまの目を引きつけ誘導します。

　一方、ディスプレイは、ビジュアルプレゼンテーションとほぼ同義に使われていますが、ニュアンスが少し違うところもあります。商品の本質や核心を表現する、いわば折りたたんだ羽や扇子、たたんだ帆などを広げて見せるという語源に通じた意識があります。

※1　アートディレクション：内装、広告、販売促進や空間演出等で、コンセプトに基づき、アート的視点で視覚表現の一定レベルを維持管理すること。

ポイントオブセールスプレゼンテーション（PP）

　ポイントオブセールスプレゼンテーションは、ポイントオブパーチェスプレゼンテーションとほぼ同義です。セールス（販売）とパーチェス（購買）の違いは、場の機能を売り手から見るか、買い手から見るかの相違です。両者の略語はともにPPで表します。

　PPの商品プレゼンテーションとしての機能は、アイテムの集積であるアイテムプレゼンテーションの近くで、小見出し役の小さく魅力的なプレゼンテーションを行い、商品の特徴や機能を明示することで、選択のヒントを示してお客さまの判断を手助けすることです。

　什器の上部や側面、ショーケースの上、壁面上部などを展開場所にしています。販売員の日常的な仕事として、研修によって簡単なプレゼンテーションテクニックを修得させることが少なくありません。

アイテムプレゼンテーション（IP）

　アイテムプレゼンテーション（IP）のアイテムとは個々の品物のことで、品目と呼びます。アイテムプレゼンテーションとは、品揃えした品目を見せることです。商品は分類や整理、配置、配列により、印象が大きく変わります。お客さまの視点と立場で、分かりやすく、選びやすく、

見やすいように工夫します。

アイテムプレゼンテーションには、商品棚、ゴンドラ、ショーケース、ハンガーラック（衣服用ラック）などの什器を用います。商品を並べる位置と商品数、そして什器の収納力との整合が、手作業やコンピューターにより行われています。コンピューターを使用する場合は、あらかじめ並べる商品の画像をデータとして保存し、その画像を画面上の什器に配置して事前の検証を行います。そして実施後に、売れ行きのデータをもとに商品の配置場所を検討し、変更します。

アイテムプレゼンテーションでは、各種のマーケティング情報に基づいて商品アイテムを選び、各種データに基づいて棚位置、衣服の吊り位置、同一商品を連続して並べるフェイシング数などを決めます。これを棚割り（プラノグラム＝planogram）と呼んでいます。プラノグラムはプランとダイアグラムの合成語です。プラノグラムはITを駆使して、時間の経過とその結果の解析と、商品を並べた時の見栄えを配慮します。

このように棚割りを重視するのは、商品の並べ方によって売れ行きが左右されるからです。目につきやすい「優位置」、見にくい「劣位置」、売れ行きの良い「売れ筋」、売れ行きの良くない「死に筋」が存在するからです。アイテムプレゼンテーションの棚割りの情報、分析、仮説、実行、検証、分析の反復は大変重要と考えられています。

商品の販売促進

販売促進（セールスプロモーション、略して販促ともいう）は、基本的には消費者の需要を喚起し、購買を促進することを目的とします。

4つの促進区分
促進（プロモーション）は、大きくは次の4つに区分できます。
①広告
広告を主とした促進とは、広告主が自社の主張や新製品（商品）、またはサービスなどを、媒体物（情報を伝える手段として使うものを指す）に有料で掲載し、販売を促進する活動をいいます。したがって、ターゲットに対して効果的に伝わるよう、広告主が必要に応じて媒体を使い分けていきます。広告は有料で行われる点がポイントです。
②パブリシティー

有料の広告に対して無料で行われる促進活動が、パブリシティーを活用した販促です。パブリシティーとは、企業の新商品やサービス、企業活動などを、マスコミなどが記事として取り上げることをいいます。消費者の信頼性が高いメディアで、記事が好意的なイメージであれば、促進活動としての高い効果が期待できます。そのため、企業の広報活動は販促として大切です。しかし企業がいくら広報活動をしても、記事として採用するか否かは、マスコミなどの側に決定権があります。

③人的販売
　人的販売を主とした促進活動は、活動する人が口頭で見込み客に広報活動や販売活動を行うことをいいます。そのため、活動範囲や伝達範囲が限定されます。しかし、一定の範囲内であれば的確に伝達され、成果や反応を得ることができます。人的販売のポイントは、口頭での活動が主となる点です。

④販売促進
　販売促進を主とした促進活動には、消費者の購買意欲に訴えるコンシューマープロモーション（消費者向けの販促）、取引先や販売店を対象に利益や販売効率の向上を目的にしたトレードプロモーション（販売店向けの販促）、社内向けに志気向上を目的としたインナープロモーション（社内向けの販促）があります。ここでは主として、消費者向けの販促について述べます。

消費者向けの販促
　販促には大きく分けて、店外販促（アウトストアプロモーション）と店内販促（インストアプロモーション）があります。店外販促は、集客の向上を目的として行われます。販促活動ツールには、チラシ、新聞広告、ポスターといった印刷媒体、ラジオ、テレビ、地域のFM放送といった電波媒体、電車やバスなどの交通広告物、そのほかにポイントカード、インターネットがあります。

　一方、店内販促では、商品購入点数や購入単価のアップを目的に、購買喚起の促進活動を展開していきます。具体的な販促活動としては、売場づくり（主として商品プレゼンテーションを含むビジュアルマーチャンダイジング全般）、イベント、展示会、サービス、店内放送やビデオなどの店内放映、インターネット、POP広告や掲示広告物、店内空間演出などがあります。

ストアロイヤルティーを高める3つのポイント
　しかし、いくら販促を強化しても、お客さまがその店に抱いているイメージや評価、信頼性といったストアロイヤルティーが低いと、狙う効果は期待できません。ストアロイルティーを高めてい

く必要があります。そのためのポイントは次の3つです。
①商品購入に際しての楽しい雰囲気、購入時や購入後のサービスが良いといった、評価が高いこと。
②品揃えが明確で種類が豊富、あるいは新鮮でトレンド商品が豊富に揃っている、品質や商品内容が良いことは無論のこと、値ごろ感があること。
③店舗環境が整備されていて買い物がしやすい、イメージや雰囲気が良いこと。

　以上のように、ストアロイヤルティーの向上は販促活動に重要な関連要素です。またストアロイヤルティーが高いことは、来店頻度を高めることにも結びつきます。例えば、他店と同時期に同じような販促の打ち出しが行われた場合、お客さまがストアロイヤルティーの高いほうを選択することはいうまでもありません。

アイドマの法則のポイント

　店内販促は、店外販促を連動させて打ち出すことで、より効果的になります。この店外販促と店内販促を結びつけるのが、アイドマの法則です。アイドマの法則とは、お客さまの購買行動を連想し、店外販促と店内販促によって、何を、いつ、どのようにしなくてはならないかを論理的に順序立てて説明したものです。ポイントは次の通りです。

　例えば、あるお客さまが店外販促でDMやチラシを見ました。数ある広告物の中から「どうせ行くならこの店に決めた」と、1つの店を選択します。この時のキーポイントはストアロイヤルティーの高さです。店に行き、店内で掲載商品を探します。この時のポイントは、商品プレゼンテーションです。お客さまが目的の商品に接する時のために、商品陳列は確かめやすく、購入しやすい方法を採ります。掲載商品だけでなく、関連商品を含む商品展示で情報提供や購買喚起をすることも、店内販促の必要なポイントです。そしてお客さまは購入する。この一連の行動がスムーズに進行することが、店内外一体となった効果的な販促活動といえます。

　アイドマの法則とは、お客さまが商品やサービスを購入する際の心理的移行の状態を表したものです。A＝Attention（注目）、I＝Interest（興味）、D＝Desire（欲望）、M＝Memory（記憶。購買の際は意思決定として解釈する場合もある）、A＝Action（行動。購買の際は購入として解釈する場合もある）の頭文字をとって、AIDMAといいます。お客さまはこの5段階を経て購入するといわれます。したがって、販促はそのプロセスを十分に把握して行われる必要があります。

商品のライフサイクルに対応した販売促進

（1）導入期の販売促進

商品の展示に際しては、その商品特性を知る必要があります。売場での商品特性は、商品のライフサイクル（プロダクトライフサイクル）で捉えることができます。それぞれの特性別に、展開内容を変える必要があります。

　市場に商品が出始める時期のことを「導入期」といいます。この時期の商品はまだお客さまに十分認知されていません。したがって、認知がいち早く、しかも広く浸透するよう、新商品の広告宣伝や見本市、展示会などを活発に展開していきます。店内では目につく場所にディスプレイし、購買喚起を促進します。販売活動をより効果的なものにするため、イベントを絡ませる場合もあります。

●イベントの種類

　イベントは展開方法や内容により、次の3つに区分することができます。

①動員的イベント

　より多く集客することを主目的に展開します。例えば、人気タレントを呼んだり、話題性の高いものを展示したりして、より多くの客動員を図ります。この時の商品展示ではイベントの関連商品、話題性の高いトレンド商品や新商品であれば、販促との相乗効果もより高まります。

②文化的イベント

　例えば絵画や写真の展示会、ミュージックコンサート、ファッションショーなど。これらのイベントは店のイメージを高め、お客さまに好感をもたれ、歓迎されます。

③販売を主としたイベント

　バーゲンセールが代表的。ほかにも、特産品の販売、限定品の販売、パフォーマンスを伴いながらの即売会、産地直送販売などがあります。これらをその時期の商品特性と絡めながら使い分け、実施していきます。

●インストアマーチャンダイジングと売場づくり

　商品をお客さまに認知してもらうためには、売場のレイアウトや陳列等に工夫が必要です。この具体策に、例えばインストアマーチャンダイジングがあります。商品の特性に応じた売場レイアウト、使用什器と商品テイストの関係、商品陳列の構成、通路設定の工夫などを検討し、より効果的な店内販促のあり方を実現する対応策のことです。言い換えれば、お客さまの立場で商品の見え方、商品を手に取って確かめる行動などを検討していくと、売場のあり方が自ずと工夫されることを意味します。

　売場は自然発生的にできるものではありません。計画的につくる場です。限られた面積を最大

限に効果的に活用していくことや、商品をより効果的に販売していく店内販促の1つとして、インストアマーチャンダイジングを活用します。このように売場の商品は常に変化し、工夫して展示していくのです。

（2）最盛期の販売促進

商品に対するお客さまの認知度が高まると、販売も「最盛期」を迎えます。この時期の販促活動は、より多く販売することを目的としたものになります。例えば量陳列やPOP広告を活用した陳列といったように、お客さまが気軽に商品に接することができ、確かめて購入できる環境を整えます。そして、時期を見てセール販売に入ります。商品ライフサイクルでいえば、「衰退期」から「処分期」です。したがって、売り切ることを目的とした値引き販売を思い切って打ち出します。

以上のように、「商品の販売促進」では、販売促進の知識の概略を知り、そのうえで店内販促のための商品装飾展示の知識を一通り知る必要があります。

商品装飾展示が行われる業態と業種

商品装飾展示では、それが行われる業態と業種の特徴について、一般的な知識をもつことが求められます。

業態と業種は小売業の形態を指す用語として、最もよく用いられます。検定試験の試験科目及びその範囲についての資料には代表的な用語のみが掲載されていますが、関連する業態と業種の内容と過去の検定試験問題に見られる基本的な知識についても理解しておく必要があります。ここでは重要なものに絞り込んで説明します。

小売業にかかわる基本用語

業態と業種の範囲と内容に関する用語は『VMD用語事典』でも説明しているので、併せて参照してください。ただし、小売業は常に変化しており、一般的とされる解釈も時代の状況により変化します。以下に小売業にかかわる基本的用語から、業態と業種に関係する主要な用語を順に説明します。

商品

商品とは、一般的には「市場に導入され、社会的に流通するすべての財貨・サービス」と解釈

されています。したがって、商品はモノだけでなく、教育・医療・サービスなどの無形のものも含んでいるのです。商品の分類は業態、業種の分野・分類とも密接に関係しており、販売目的により方法もさまざまにあります。

商品の分類方法には、大きくは次の2つがあります。

① 商品の材質（鉄鋼製品、木製品、石油化学製品など）、作用（食料品、電機製品、繊維製品など）、効用（生産財、消費財、耐久消費財など）の面からの分類。これらは日本標準産業分類の商品分類に採用されており、広く統計調査などに利用されています。

② M.T. コープランドが1920年代に発表したもので、消費者の購買態度と購入行動の違いから商品を最寄品（convenience goods）、買い回り品（shopping goods）、専門品（speciality goods）に分類する方法。この方法は消費行動を探るのに最もよく利用され、売場計画にも日常的に利用されています。

小売業

すべての業態、業種は小売業の形態で経営されています。日本標準産業分類では、「消費者に消費財を販売することを小売りとする」と定義しています。アメリカマーケティング協会（AMA）は、「小売業は最終消費者への直接販売に伴う諸活動である」としています。小売業の最も一般的な分類としては、日本標準産業分類による分類があり、広く商業販売統計などに使われています。

ただし、この分類は業種や規模の大小によって異なり、ショッピングセンターやフランチャイズシステム店は入っていないなど、近年の多様化した業態に対応できていない点もあります。そのため、分類の体系づくりも、公益社団法人日本商業施設技術団体連合会などで試みられています。また、経済産業省が発行する商業販売統計報の中にも、これまでの業種別データに加え、業態別大型小売店の販売統計も載るようになっています。

業態と業種

一般的には業種と業態という言い方が多いです。

業種（type of business）は、事業種目の略であり、主な取扱商品による分類で前掲の商業販売統計などに利用されています。魚屋、肉屋、八百屋、金物屋など、生産者志向的な視点が特徴です。

業態（type of operation）は、消費者の購買行動に合わせて、いかに商品構成、価格政策、販売方法、店舗づくりをするかといった、主に営業（販売）活動の特性に基づいた分類です。何をどのように商うか、消費者の欲求、動機、購買過程に適応しようとする消費者志向的な視点が特徴です。百貨店、スーパーマーケット、コンビニエンスストア、ディスカウントストア、百円ショップなどが小売業態です。

立地と商圏

　小売業が営む店舗の立地は通常、消費者の集まる度合いにより、購買頻度（日、週、月、年単位あたりの回数）、来店に要する時間と距離、主な扱い商品が最寄品か買い回り品か専門品かなどによって、最寄型、近隣型、地域型、広域型及び超広域型、名所型に分類されています。

　商圏とは、来店する消費者の居住地区の範囲です。商圏を設定する場合、従来は居住地区から店舗までの距離を主体としていましたが、現在は来店までの所要時間を重視する傾向があります。店舗によって売上高または客数の60～70%を占める地域を一次商圏とし、同様に25～30%を占める地域を二次商圏、5～10%を三次商圏とするのが一般的な方法です。これもあくまでも原理原則ですが、流通にかかわる専門事項としてよく活用されるので、特徴の把握に利用してください。

主な業態の内容

カテゴリーキラー

　取扱商品を特定分野（カテゴリー）に絞り込んだローコストオペレーションを徹底した倉庫型の大型専門店です。品揃えの総合化を狙ったスーパーセンター型と、専門化（カテゴリーキラー）型に分けられます。日本トイザらすなどがその典型です。

コンビニエンスストア

　1970年代に中小小売業の経営近代化の手段として登場しました。小商圏の中で生活必需品や各種サービスをセルフサービス方式で提供する、長時間営業の小規模小売店舗を指します。経済産業省の商業販売統計による規定では、売場面積の50%以上がセルフサービス方式であること、飲食料品を取り扱っていること、売場面積が30㎡以上250㎡未満、1日の営業14時間以上の小売店と定めています。最近まで最も成長力の高い小売業態の1つでした。

消費生活協同組合（CO‐OP）

　消費生活協同組合法によって設立された小売業で、生協やコープの通称で、生活物資に加え幅広い事業サービスを提供する大型店舗を展開しています。スーパーマーケットをしのぐ売り上げの店もあります。地域一番店を目指した売場づくりの指導書も出版しています。

ショッピングセンター（SC）

　複合商業施設業態の代表的な存在がショッピングセンター（SC）です。

日本ショッピングセンター協会が定めたSCの条件は、
①一つの単位として計画、開発、所有、管理運営される商業・サービスの集合体であること
②駐車場を備えてあること
③立地、規模、構成に応じて、選択の多様性、利便性、快適性、娯楽性などを提供するなど、生活者ニーズに応えるコミュニティー施設として都市機能の一翼を担うものであること

などです。欧米のSCが立地開発型であるのに対して、駅ビル、地下街、専門店ビルなども含めるのが日本的SCの特徴です。

スーパーマーケット

特徴は、①セルフサービス方式、②食料品を中心とする生活必需品の品揃え、③低マージン・高回転の営業・経営の3点です。この定義は、国や時代によって異なります。現在は食品中心をスーパーといい、食品と非食品を総合的に扱う大型セルフサービス店をゼネラルマーチャンダイズストア（GMS）といっています。

専門店

主として買い回り品の特定品種（衣服や服飾品が多い）の範囲で、豊富な品揃えと高い品質、サービスを提供する小売店です。主に都市に集積して、一種のSC状の商店街を形成します。1988年に322店が集まって一般社団法人日本専門店協会を設立しています。

百貨店（デパートメントストア）

一般に衣料品及び家庭用品を中心に、買い回り品や専門品に加え、最寄品も扱う大規模小売店をいいます。日本にアメリカのデパートメントストアに模した小売形態が生まれたのは、1900年代のこと。当時は百貨商店、小売大店舗などと呼ばれていました。その後の1909年（明治42年）頃、雑誌『実業界』に「百貨店」の訳語が使われて以後、そう呼ばれるようになったといわれます。

旧百貨店法では、6大都市にあっては3000㎡以上、それ以外の都市では1500㎡の床面積をもつ同一店舗、と規定されています。百貨店は商品装飾展示例が最もよく見られることから、検定試験のテーマに取り上げられることが多い業態です。日頃からよく観察しておくことが大切です

その他

業態と業種に関係する用語は多岐にわたりますが、参考書も豊富なので、検定試験の試験科目及びその範囲についての資料を見ながら学習することをお勧めします。

展示場所の種類、特徴、使用方法

　展示場所とは、VP、PP、IPを展開する場所のことをいいます。具体的には、店舗や展示会場などの建築環境に付随するショーウインドウ、壁面、柱、シーリング（天井）の「商品装飾陳列スペース」、ステージ、テーブル、ショーケース、ハンガーラック、棚、ゴンドラ、ワゴンなどの「什器」のことです。

　VMDを計画し、運営するうえで、VP、PP、IPを展開する場所の特徴や使用方法に関する知識は大変重要です。1級では詳細な知識、2級・3級では一般的な知識（『VMD用語事典』参照）が必要となります。

展示場所の機能と特徴

　展示場所は、それぞれに特有の装飾や陳列に関する機能や特徴をもっています。

VPを展開する場所

　VPを行うショーウインドウは、その前を行き交う人々に店舗コンセプトや商品の魅力などを訴求し、店内に誘導する機能をもっています。背面を開放型にしたシースルーウインドウと、背面をもったクローズドウインドウの2種類の形状があります。ショーウインドウを通して店内を見通せるかどうかによって、店舗全体のイメージも変わります。

　VPを展開する場所での展開手法の1つに、モーションディスプレイ（ムービングディスプレイ）があります。モーションディスプレイとは、商品や展示物、その装置などが実際に動く展示のことをいいます。動きのあるディスプレイは高い注視効果を得ることができます。近年はデジタル映像の多用に伴い、プロジェクションマッピングの知識も必要です。建物や物体の表面など、スクリーンとなる対象物に重なり合うように投影する表現技術や特徴を把握しておきましょう。

展示場所としての壁面や柱巻き

　ゴールデンスペース（ゴールデンライン）に関する知識をもつことが重要です。ゴールデンスペースは、人間の視点高と視野との関係で最も見やすいと同時に、手に届く範囲で最も触れやすい高さの空間域をいいます。その高さの範囲を把握しておきましょう。

展示手法と展示場所

　商品展示は、展示する場所と手法の違いによって、いくつかの種類に分けられます。

アイランドディスプレイは、四方が店舗内の通路に囲まれて独立している展示スペースのディスプレイをいいます。周囲のあらゆる方向から見えるため、注目度が高く、フロアのメインディスプレイとして使われることが多い商品展示手法です。
　エンドディスプレイとは、什器の端（エンド）で行われる商品展示です。サンプル陳列やコーディネイト陳列などを行います。
　カートンディスプレイとは、商品を収めた段ボール製などの箱をそのまま売場に陳列し、販売促進効果を狙う商品展示手法のことをいいます。
　カウンターディスプレイとは、カウンターやショーケースの上で展開される商品展示手法です。陳列面積は限られますが、注視効果の高い展示スペースとなります。
　どのような商品を、どのような販売方法で、どのような場所で展開するかによって、商品展示手法を使い分け、商品訴求効果を高めることが必要です。

販売手法と展示場所
　売場での販売方法は、コンサルティングセールスとセルフサービスの大きく2つに分類されます。
　コンサルティングセールスの場所として代表的なのは、ショーケースです。対面販売に適しており、商品に対する顧客の相談に応じたり、提案や助言をしながらの販売方法ができる商品展示場所です。
　セルフサービスの場所として代表的なのは、ゴンドラです。ゴンドラとは、ゴンドラケースの略です。オープン型の陳列什器で、側面の部分をゴンドラエンドといいます。ゴンドラエンドは注視ポイントとして有効なスペースで、商品のプロモーションやPPなどのスペースとして使用されます。
　その他の什器として、フィッティングルームなどがあります。FRと略して表記されることもあるフィッティングルームは近年、誰もが快適に過ごせる社会構築という考えの広まりに沿って、バリアフリーに対応できる機能やサイズをもつことが求められています。
　什器に関する知識の中で重要な事柄の1つに、定数・定量があります。定数・定量とは、売場の商品展開点数を決定する基準の1つで、什器の適正台数や商品の適正陳列量をいいます。商品を選びやすく、手に取りやすい売場を作るための方法の1つです。

訴求手法と展示場所
　商品（品揃え）の魅力を表現するための訴求方法と、そのための展示場所は密接に連動しています。ハンギング陳列什器の中でも、ウエアの色のバリエーションなどを訴求するには、傾斜ハンガーラックが適しています。品揃えの豊富さを訴求するためには、シングルハンガーラックが適しています。

ウエアリングの展示場所

　ウエアリングとは着せ付けることをいいますが、その展示場所としてマネキンやボディ（トルソー、トルソ）などがあります。

　マネキンには、人間の表情などを捉えてリアルに作られたリアルマネキン、抽象的な顔立ちで人体をデフォルメして表現したアブストラクト（抽象）マネキン、頭部のないヘッドレスマネキン、イラストやアニメなどをイメージさせる顔をもち、独自の個性を表現したキャラクターマネキン、手足などが動かせる可動マネキンなどがあります。それぞれに特性をもっており、表現したいファッションのターゲットやデザインなどを考慮し、使用する必要があります。

　ボディは、人体胴部をかたどって作られた器具のことで、イタリア語でトルソー（トルソ）といいます。トップ＆ボトムのトータルコーディネイトができるタイプと、トップス（コーディネイト）のための卓上タイプがあります。素材は、布張り、革張り、FRP（繊維強化プラスチック）、藤、行灯タイプなどがあり、付属パーツには可動腕や頭部などがあります。マネキン同様、それぞれに特性があるため、展示する商品や使用場所に合わせて使用する必要があります。

　マネキン、ボディともに、素材は生態環境や自然環境の観点から、FRP素材からポリウレタンや生分解性プラスチックなどのエコロジー素材に変わってきています。

売場の構成と機能

　売場の構成に関する項目として、什器、器具、照明、小道具に関する一般的な知識が必要となります。3級では、器具と小道具の一般的な知識が必要です。売場の機能に関する項目としては、導線、配置、空間構成に関する一般的な知識が必要です。3級では、導線に関する一般的な知識が必要です。

什器

　販売空間などにおいて、商品展示や環境演出、販売促進などに用いられる、単体で可動性があるものを指します。売場の構成及び機能の項目では、什器のレイアウトに関する知識が求められます。什器のレイアウトは、売場の位置や商品分類と密接に関連して計画されます。また、顧客を意図的に一方向に誘導するワンウエイコントロールというレイアウト方法もあります。

器具

　商品の特徴や性格を明確に提示したり、商品を見やすくするために、補助的に用いるツールのことをいいます。器具には主に下記の種類があります。

- スタンド……商品に高さや角度をつけ、見やすくするための器具
- ライザー……商品に高さをつけ、見やすくするための器具
- ホルダー……商品を支えて見やすくするための器具
- セパレーター……商品を分類・区分することで見やすくするための器具
- ボディパーツ……商品の特徴をよりリアルに表現するための器具

照明

　照明及び方法の種類と特徴を把握しておく必要があります。
- コーニス照明……壁と天井が接するところに設けた帯状のくりぬき部分に光源を内蔵した間接照明のこと。奥行き、広がり感のある空間イメージを作ることができる
- 光天井……透光パネルを天井に張り、その上部にランプを配置した照明のこと。光天井部全体に光を得ることができる
- 重点照明……局部照明ともいう。商品のセールスポイントや店舗環境の重要な箇所を照らすことをいい、スポットライトなどがこれにあたる
- アッパーライティング……下方から上方に光を照射する照明手法。光の方向が非日常的になるため、特異性のある照明表現が可能になる
- ウォールウォッシャー……壁面を光で洗うような照明方法のこと。店内の壁面を明るく照らし出すことで、店全体に明るさを感じさせる

小道具

　プロップスのこと。プロップスとは propaty の略語で、映画・演劇のセットに使われる小道具からの転用語。演出効果を高めるために用いる小物、道具、家具類などをいいます。椅子やテーブル、装飾柱、額縁類から、ベンチなどのストリートファニチャーもこれに入ります。

導線と動線

　流通業界の一部やIT、広告業界では、顧客を誘導する通路（線）の計画のことをいいます。顧客が実際に動いた軌跡や方向は「動線」と表現し、使い分けています。店舗内においては、顧客が動き回る軌跡を「客導線」といいます。一般的には売場の隅々まで回遊してもらうための線です。また、動線には従業員の動きを表す「作業動線」、商品の動きを示す「物流動線」があります。作業動線や物流動線は短いほうが無駄な動きが少なく済み、機能性が高まります。

商品装飾展示にかかわる知識と用語

　すべての活動の基礎になるのは、用語です。商品装飾展示においても、用語についての詳細な知識が要求されます。その理解があいまいであれば、正確な活動はできないからです。

商品装飾展示の用語

展示方法についての用語

　展示の「場」「方式」「特性」「使用する道具」などに応じて、いろいろな用語があります。その中から一般的なものを挙げておきます。

- アイランドディスプレイ……店舗などの通路で囲まれた独立しているスペースで行う
- エンドディスプレイ……陳列ケースやハンガーラックの端で行う
- シーリングディスプレイ……天井を利用して行う
- ウォールディスプレイ……壁面を利用して行う
- フロアディスプレイ……床面を利用して行う
- アソートメントディスプレイ……商品に重点を置き、それを分類・整理して展示する
- トークンディスプレイ……コンセプトやイメージを象徴的に展示する
- プロモーショナルディスプレイ……テーマやコンセプトに基づいて、一定の期間を定めて展示を行う
- モーションディスプレイ……展示の中に動きをもち込む。「ムービングディスプレイ」とも呼ばれている
- ジャンブルディスプレイ……意図的に崩した展示を行う
- カートンディスプレイ……店頭などでカートンのまま展示を行う
- カウンターディスプレイ……カウンターや陳列ケースの上で展示を行う
- ワゴンディスプレイ……ワゴンを使って展示を行う

　また、同一品種や同一要素をもった商品を縦並びに展示する「縦割り陳列」、横並びに展示する「横割り陳列」という用語もあります。

衣料品の展示に使われる用語

　商品の特徴を強調するために前面を見せる「フェイスアウト」、側面を見せる「ショルダーアウト（スリーブアウト）」があります。

商品展示の構成方法にかかわる用語

　左右を対称に仕上げることによって安定性を見せる「シンメトリー」、左右を非対称に仕上げることによって動き感を見せる「アシンメトリー」、三角形の枠の中に商品や小道具を収めて仕上げる「三角構成」、同一のものを繰り返して構成することによってリズム感を生み出す「リピート構成」があります。

展示に関係してよく使われる用語

　「ゴールデンスペース」「ゴールデンライン」はよく使います。展示された商品は購買行動に結びつきやすいことから、ゴールデンという言葉が使われているのでしょう。

　また、「アイキャッチャー」という用語があります。これは人の目を引くものの意味で、視覚から購買に結びつけることを期待したもののことです。これに聴覚を含めたものに「アテンションゲッター」という用語があります。

　「プロップス（props）」という用語も使われています。映画や演劇のセットで使われる小道具から転じたものです。展示効果を高める小物、道具類、家具類を指します。

　商品展示と販売は密接な関係があります。したがって、販売に関する用語についての知識も必要です。

販売に関する用語

　販売の方式については、販売員が顧客と相対して説明しながら販売する「対面販売方式」、販売員と顧客が側面で相対して販売する「側面販売方式」、顧客が自分で自由に商品を選択する「セルフセレクション」があります。

　関連のある商品を意図的に組み合わせて展示することで販売点数を増やす「関連販売」、顧客の相談に応じたり、提案や助言をしたりしながら販売する「コンサルティングセールス」、販売のために意図をもって商品を分類する「グルーピング」という用語もあります。

　さらに、商品の所有権はメーカーがもったまま問屋や小売店に出荷し、販売後に販売手数料が支払われる「委託販売」という方式もあります。

分類方法別に商品特性を知る

商品装飾展示の主体は商品です。したがって、商品とその特性に関する知識が要求されます。

一般的な分類
商品にはどんなものがあるかを知るには、それぞれの商品の特性に応じて分類してみることが必要です。一般的な分類方法として、
- 「生産財」と「消費財」に分ける方法
- 具体的な形がある「有形財」とサービスなど形をもたない「無形財」に分ける方法
- 消費財を「最寄品」「買い回り品」「専門品」の3つに分ける方法

最寄品とは、消費者が毎日の生活で頻繁に購入する商品のこと。買い回り品とは、消費者がいくつもの店を見て回り、比較検討して購入する商品。専門品とは、消費者が価格以外の要素を重視し、自ら進んで特別の購買努力を払おうとする商品のことです。

商品ライフサイクルによる分類
商品のライフサイクルよる分類方法もあります。商品の発売から販売終了までの過程を「商品ライフサイクル」と呼び、導入期、成長期、成熟期、衰退期などに分ける方法です。さらにテイスト、マインド、客層、仕入先、用途、品目、価格、季節、素材、色、柄、生産地、企画テーマなどによる分類方法もあります。

商品特性による分類
商品には、特性に応じていろいろな呼び方があります。一般的な分類として、次のようなものがあります。
- 定番商品……長い期間、確実に一定の売れ行きを保持している商品
- プロパー商品……売場で常時販売されている一般的な商品。特価品、特選品に対するもの
- バジェット商品……実用衣料など買いやすい商品や安売りの商品
- ステイタス商品……所有することで本来の用途とは別の社会的地位や経済的な豊かさを表す
- オリジナル商品……自社で開発した商品
- ステープル商品……生活に欠かすことのできない基本的な常備商品

また、商品管理上の最小単位の商品を指す「単品」という用語もあります。商品に関しては、「セー

ルスポイント」または「セリングポイント」という用語があります。販売にあたって顧客に強くアピールする商品特徴のことです。顧客の購入決定のポイントを指します。

ブランドによる分類

　ブランドも購入決定ポイントの1つです。ブランドとは、商品の差別化を図るために一定の商品群に付ける名称のことです。商品に特性を与えるものといってもいいでしょう。

　ブランドには、百貨店やチェーンストアなどの小売企業が独自に開発した「プライベートブランド」「ストアブランド」、メーカーや卸が開発する「ナショナルブランド」、デザイナーの個性を前面に打ち出した「デザイナーブランド」、キャラクター性を強調した「キャラクターブランド」、海外から輸入されたブランド商品の「インポートブランド」といった、いろいろな種類があります。

　このブランドに関係する用語に「OEM」（相手先ブランドによる生産）があります。製造者が発注元のブランドから受注した製品を生産し、供給することです。

消費者の行動から推し量る

　消費とは、「欲望の充足のために、財やサービスを消耗すること」です。ここでいう財とは商品のこと。サービスという語には幅広い意味がありますが、ここでは有料のサービスのことです。

　消費動向は消費者行動から推し量ります。消費者の行動を分析するには、例えば所得を消費と貯蓄にどう配分するか、あるいは消費を食料費、被服費、光熱費、住居費、雑費など支出項目別にどう分類するかなどの分析基準を設定します。これらは、消費者の属性である性別、所得、職業、未婚、既婚、家族構成、趣味、嗜好、ライフスタイルによって変わってきます。このような消費動向に沿って商品装飾展示を行わなければ、顧客を引きつけることはできません。商品装飾展示にかかわる人は、消費動向についての知識が要求されるのです。

暮らしぶり全体を指すライフスタイル

　「ライフスタイル」は生活様式と訳されますが、それは衣食住だけではなく、趣味、娯楽、交際までを含めた暮らしぶり全体を指します。人の生活意識、価値観、行動習慣などが生み出したものが、ライフスタイルです。その多様化が進んでいます。消費者を知り、新しい需要を探り出すためには、多様化したライフスタイルから分類基準を見出し、市場を細分化することが不可欠です。それだけに商品装飾展示にかかわる人は、ライフスタイルについての知識が要求されるのです。

ライフスタイルと似た言葉に「ライフステージ」があります。人の一生を、誕生から入学、卒業、就職、結婚、子供の誕生、独立、退職などの節目で区分した各段階（ステージ）のことです。それぞれの節目に購買動機が発生します。商品装飾展示はこれにも呼応する必要があります。

ファッションとは「多くの人々に、ある一定期間、共感をもって受け入れられた生活様式」のことです。その様式は単に服飾だけでなく、衣食住に表れる有形のものから、言語や思想、歌謡のような無形のものまで、生活全般にかかわっています。商品装飾展示が共感をもって受け入れられるためには、ファッション動向への対応が不可欠であり、それを可能にする知識が要求されるのです。

ファッションという言葉が付く用語はさまざまありますが、商品装飾展示に関係の深い用語に「ファッションサイクル」があります。流行要素の強い商品が、市場に登場してから消え去るまでの周期のことです。「ファッションカラー」という用語もあります。「流行色」とも呼ばれ、シーズンに先駆けて年2回、春夏用、秋冬用として日本流行色協会から発表されます。近頃、目にするようになった用語では「ユニバーサルファッション」があります。これは障害者、健常者、あるいは年齢、体形に関係なく、すべての人が平等に楽しめるファッションのことです。

購買行動～商品購買時の選択行動

商品装飾展示は人々の購買行動を引き起こすために行うものです。購買行動とは、商品を購買する時の選択行動のことをいいます。選択行動は、地域、店舗、ブランド、商品、数量、頻度などに分けて考えることができます。この行動に影響を与えるものに「購買動機」と「購買心理」があります。

購買動機とは、商品を購入しようという気持ちになる要因で、次の5つに分類されます。
①商品特性、用途、経済性、必要度などの基本的動機
②ブランド性、財産性、優越性などの選択的動機
③良い悪いといった実質的価値
④好き嫌いといった感情的価値
⑤自己確認の試みである実存的価値

購買心理とは、商品を購入する時の心理学上の仮説です。「注意→興味→連想→欲望→比較→信頼→決定→満足」の8段階を経て購買行動に至る心の動きのことをいいます。

この心の動きを表した法則に「AIDMA（アイドマ）」があります。Attention、Interest、Desire、Memory、Actionの頭文字をつなげた名称です。MemoryをConviction（確信）に置き換えて「AIDCA（アイドカ）」とすることもあります。店舗では、この法則に応じた商品展示を行う必要があります。

商品装飾展示におけるデザイン

　デザインという言葉は、さまざまな分野で用いられている広がりのある言葉です。なかには明確な定義もないままに、イメージを喚起させる都合の良い言葉として使用している場面も見受けられます。では、私たちがデザインにかかわる場合、その定義はどのようなものになるのでしょうか。

造形における7つの美の要素

　デザイン行為のすべてが表現であり、伝達を目的にしています。その視点から、次の4項目がデザインとして成立するために必要な要因といえます。
- **創造性**……目的や方法に強い創意があること
- **審美性**……美しさや見栄えが備わっていること
- **有形性**……具体的な形をしていて、視覚の対象としての意味をもつこと
- **社会性**……その行為の目的や結果の、社会とのかかわり方のこと

　以上の4点をまとめていえば、創意をもって新しい表現を追求し、それを造形として具体的な形にする際は、美しく見栄えがあるもので、その目的や方法の考え方に社会とのかかわりがしっかりと存在しているもの、となります。

　では、美しく主張のある造形を成立させるプロセス、その要素には、どのようなものがあるのでしょうか。造形を考案する過程には、人の造形心理を前提にした「調和」の感覚が基本的にあります。その基本となる造形心理の調和感（秩序感）を土台に、デザイナーの感性を生かしながら飛躍したイメージを想像し、現実化することが期待されます。

　一方で、その調和感を壊すことが新鮮な印象につながる場合もあります。ただ、造形上の調和感は人の普遍的な知力によるものなので、美的印象を与えるための造形要素として、体系的に体得しておくことが求められます。

　このように、美的印象を与える形象の美しさの要因となる原則と形式的な法則性を「美的形式原理」といいます。この造形における美の要素には次の7つがあります。

① 調和（ハーモニー：harmony）
　全体が一定の秩序によってほどよく融合した印象をもち、均等で整然とした状態。複数の造形要素同士の調整と全体感との複合的判断が必要になります。同質的類似的調和と異質的対比的調

和があります。色や形が同質のものなどの組み合わせは、まとまりやすい反面、単調で魅力に乏しい印象になりやすいものです。また、造形要素部分の組み合わせが異質なものは、変化が大きく活性化した印象になるものの、混乱が起きやすく、ほどほどの秩序による統一が必要です。

② 均衡（バランス：balance）

　もともとは「天秤、はかり」の意味であることから分かるように、左右の力関係の釣り合いがとれている状態のことをいいます。1つの軸を中心とした相称形（鏡映ともいう）と、中心軸に対して四方に展開する放射対称（回転対称ともいう）がまとまりがあって、バランスが良いといえます。視覚的には簡潔明快で、安定感と権威的な印象が強くなります。また、静的であるために表情が硬く、保守的で変化に乏しい面もあります。

　これに対して、左右が異なった形で大きな変化をもちながら視覚的均衡を保つ、非相称形のバランスもあります。この左右不均衡なバランスは、動的で伸びやかな印象を与えてくれます。

③ 対称（シンメトリー：symmetry）

　ギリシャ語で「同じ尺度」という意味をもつ言葉です。前項の均衡と類似性があり、線対称、点対称、面対称などの要素があります。左右同一の造形要素による構成をシンメトリーといい、強い安定感を感じさせます。また、左右異なった造形要素の構成をアシンメトリーといいます。

④ 比例（プロポーション：proportion）

　造形上の割合や比率、比例のことで、数的比率がもつ明快な美的秩序を示すものです。例えば、コピー用紙で馴染みのA4サイズなどのA列、B5サイズなどのB列という用紙は、縦横が1と$\sqrt{2}$という数的比率などによって割り出されており、日本標準規格になっています。自然界にも多く見られ、美的摂理を感じさせます。パルテノン神殿は列柱の高さ・太さなど、全体の美しい比例によって、荘厳な優美さをもっています。黄金比、整数比、フィボナッチ数列などが美しい比率といわれています。

⑤ 対比（コントラスト：contrast）

　異なった造形要素を同一の場に配置すると、両方の対照によって差異が強調され、特質が引き立ち、活性化される効果を生むことをいいます。大小、強弱、重軽、粗密、明暗など、さまざまな対比の関係が考えられます。力強くいきいきとして、活気ある印象を表現します。また形だけでなく、配色にも大きな効果を与えます。

⑥ 律動（リズム：rhythm）

　造形要素を繰り返して反復使用し、周期的変動の美的効果を狙うものです。本来は音楽や詩や科学の世界で用いられていた言葉です。1つの単位の強弱や、粗密ある繰り返しの規則性や周期によって、一定の秩序や統一感と、明快な動的構成が得られます。

⑦ 階調（グラデーション：gradation）

　色彩や濃淡が連続した段階的変化をする表現のことで、連続階調ともいいます。1つの色味が段階的に他の色味に変化したり、ぼかしのような濃度の滑らかな変化（濃淡法）もあります。その変化の様子に伴う独特の表現効果を意図して用いられます。

テーマ訴求のための構成法

　前項の造形一般における美の要素である「美的形式原理」を活用しながら、店舗空間で商品特性をいきいきと魅力的に訴求するのが商品装飾展示の技能の1つといえます。そのような商品にお客さまの視線を向け、的確に印象づけるために、美学を応用した構成法があります。

　「構成」とは、表現のイメージをもとに、物や形による表現要素を一定の統一された視覚的意図に沿って組み合わせ、配置することです。店舗においては、商品やプロップ（小道具）を用いて、効果的な構成となるように魅力的に配置し、お客さまの視覚誘引を自然に図る手段となります。ここでは代表的な「直線構成」「三角形構成」「リピート構成」を解説します。

① 直線構成

　直線構成は商品やプロップなどの構成要素が直線状に並ぶ構成です。とてもシンプルな構成ですが、整理された印象と同時に、モダンな緊張感も感じさせます。また、その直線の置かれた状態（水平、垂直、斜め等）によって、表現される効果にそれぞれの特徴があり、繰り返しによってはにぎわい感を作ることもできます。

・水平構成

　私たちの通常の生活における視線の移動は、水平方向の移動がほとんどです。人間の視野は垂直方向に比べて水平方向に広く見えるので、その身体的特徴と符合して見やすいからです。その左右に延びる水平線を基準に、商品などを横一文字に並べたものが水平構成です。横に並ぶものは見やすいうえに、水平線は安定感があり、お客さまにとってもよく整理されて見える構成とな

ります。棚上のPPなどで展開すると、シンプルでサイン的な訴求力が生まれます。

・垂直構成

　静的イメージの強い水平方向の流れに比べて、上下に延びる垂直方向の流れは、存在感が強調される構成といえます。垂直方向の構成は、幅よりも高さを生かした上下方向の展開に主張があるので、その周囲に視覚的な空白が生まれやすく、より空間的にアクセントのある効果を発揮しやすくなります。また、繰り返すことによって、上下方向だけでなく、空間全体の広がりを意識させる構成となる場合もあります。

・斜め構成

　私たちを取り巻く建築やインテリアにおいて、その構成要素のほとんどが水平か垂直の構造物でできています。売場においても空間を構成するものは、ほとんどが水平と垂直の組み合わせです。そういった環境の中での斜線を基調とする構成は、視覚的に動きや不均衡の要素をもつため、注意喚起や注目度を高める効果があります。

・格子構成

　垂直構成と水平構成を組み合わせた構成で、垂直線と水平線上に商品を展開する構成です。上下左右に商品が展開されるので、整理された印象に加えて、空間における面的広がりを感じさせる構成になります。垂直線と水平線の交点が、視認度の高いビジュアルポイントになります。

・放射状構成

　仮想の中心から周囲に向けて放射状に延びる線分を想定し、方向性を考慮しながらその線上に商品が配置される構成です。中心から外に向けて空間が広がるような、あるいは四方八方に延びていくような構成なので、広がりを感じさせ、華やかな印象になります。視覚的に注目度の高い構成です。

② 三角形構成

　商品やプロップを用いてVPやPPをデザインする際に、その組み合わせを全体として三角形に配置して構成する手法です。例えば、いくつかの商品の中で高さのあるものを中央に置き、両側にそれより低い商品を配置すると、全体として三角形になります。そもそも三角形は中央が高く両端が低い安定した形状なので、見る人に落ち着いた静的な安心感を印象づける形なのです。見た目にバランスをとりやすく、まとまり感にも優れています。

　一方で、頂点部分が中央から左右に移動することによって三角という形に変化が生じますが、その変化によって安定感と同時に動的な変化が生まれるなど、新たな特徴をもつものもあり、それをテーマの訴求に生かすことができます。このように三角形構成には、安定感や変化などを表

現するさまざまな要素のものがあります。

・二等辺三角形構成

　中心に対して左右対称の形はピラミッドのように強い安定感があり、シンメトリーな形の特徴としての美的秩序や均整、権威的神聖感をもっています。このような特徴を生かして、格式のある商品や伝統的な商品などの組み合わせに用いると、商品特性が力強い緊張感を伴って表現できます。しかし、正面性だけを考慮すると平面的になりがちなので、奥行き方向にも配慮して立体的に前後の配置を考慮すると、より空間的に充実した表情と訴求力が生まれます。

・不等辺三角形構成

　三角形の頂点が左右どちらかに移動すると、重心が振れるので、左右対称の静的で安定した状態から動的な表情をもつ構成に変わります。ファッションはもとより、自由さや軽やかさのある商品、動くことに意味のあるスポーツや旅行関連の商品など、多様な商品のVP、PPの構成に用いることができます。

・複合三角形構成

　商品アイテム数が多い場合やカテゴリーが複数にわたる時など、全体を１つの構図にまとめると、商品特性を伝えにくくなる場合があります。その際は、アイテムをいくつかのグループに分けてそれぞれを三角形構成にして、そのうえで各グループを組み合わせて全体を大きな１つの三角形構成にします。広い面積におけるVP（ウインドウ、ステージ等）に適しています。

③ リピート構成

　同じ商品構成パターンを、繰り返して並べて見せる構成法です。全体にボリューム感があり、繰り返しによるリズム感が生まれ、訴求力があります。同じ商品の色のバリエーションを見せたり、同じ色のアイテムバリエーションを紹介したりして、品揃えをアピールし、商品政策を一瞬にして伝えることができます。視認度が高いので、棚上などで展開することが多い手法です。

VPのモチーフに使われる造形の様式

　私たちは遺跡や遺物を見るにつけ、人間がいかに美しいものに憧れ、また創ってきたかを認識します。建築の場合、それは神への祈りの象徴や政治的な権力の誇示であったりします。それゆえに、様式には当時の生活文化のエッセンスが色濃く残されているのです。私たちがデザインワークの際にモチーフとして目にしたり使用したりする造形の様式は、このように古今東西の時代や

地域の歴史の中で誕生した特定の型です。その時代の人々がもつ文化や造形の材料と技術が有機的に結びついて、共通の特色ある型として生まれたものといえます。様式は、それぞれの時代の美意識の証人なのです。

ひと口に造形の様式といっても、そのすべてを一度で見て確かめることはできません。各地域（国）の各時代に生まれたたくさんのジャンルのものが伝えられていますから、それらすべてを文章化すると、百科事典何冊分にもなるでしょう。ここでは、店内のVPなどのモチーフとして用いられる頻度の高いものや、これまでの検定試験に出題されたものに絞って解説します。

ギリシャ（Greek）の建築

紀紀元前800年頃までの暗黒時代を経て成立したギリシャ人の合理的な思考は、美意識としてさまざまな分野に示されました。特に建築において、「エンタシス」と呼ばれる柱の中ほどがわずかに膨らんだ形の円柱は、底辺の直径と高さの比率によって設計され、シャフト（柱軸）に縦溝が施された普遍的な優美さが感じられます。この地に繁茂した植物「アカンサス」が、円柱の最上部の「柱頭」や連続模様に、装飾のモチーフとして採用されています。円柱には、「ドリス式」「イオニア式」「コリント式」などの様式があります。特に柱頭のデザインには、様式の違いがはっきりと表れています。

　　ドリス式　　　イオニア式　　　コリント式　　コンポジット式

ローマ（Rome）の建築

ローマは紀元前8世紀から紀元後4世紀頃までヨーロッパ各地に勢力を拡大し、文化の影響力も強大でした。柱頭には、イオニア式とコリント式を混合して、様式として発展させた「コンポジット式」が多用されています。またアーチ（迫持(せりもち)）構造が使用され、その利点を生かした大建造物が建設されましたが、内外を色大理石などのモザイクで装飾し、独創的な装飾美術が展開されました。

ゴシック（Gothic）

　12世紀中頃の北フランスに興り、西ヨーロッパの各国に伝わってルネサンス期まで続いた美術様式です。多くは寺院建築の様式として隆盛をみました。シャルトル、ランス、アミアンの大聖堂や、パリのノートルダム大聖堂などで知られています。

　モチーフは三つ葉や四つ葉、薔薇（ばら）など植物の自然形態をアレンジしたもので、装飾性の様式が独創的です。大聖堂の空間は、高い天井まで切れ目なく連続して造形が施され、先の尖（とが）ったアーチ状の構造体や開口部などのデザインによっても、上方への志向が強調されています。また、柱の開口にはステンドグラスがはめ込まれ、荘厳性と緊張感のある華やかさを創出しています。

ルネッサンス（Renaissance）

　15世紀のイタリアに興った後、広くヨーロッパに浸透した様式。ルネサンスは「復活」「再生」を意味しますが、それまでの中世の封建主義や神中心の教会との絆を断ち、人々が自由かつ自然な人間性あふれる生活を求めたことによって発生した様式です。ゴシックの教会における垂直志向に対して、より理知的で人間的な科学的世界観によって、水平線を重視したといえます。

　モチーフは人物像を中心としつつ、多様性ある発展を重ね、優美さと流動性のある、渦巻形唐草装飾模様の出現につながります。人物や花や果実などのモチーフは、自由奔放な線を描きながら、同時に緻密な描写がなされています。

バロック（baroque）

　17世紀のローマのカトリック教会に端を発し、18世紀初期にかけて、ヨーロッパ諸国の宮廷や教会を中心に広まりました。絶対主義時代の貴族様式として、社会的地位や格式を表す権威主義的様式です。イタリア語のバロッコ（barocco＝いびつな真珠、歪んだ貝殻など）から派生した言葉で、「つじつまの合わない非合理性」を意味しています。

　流動的で躍動感にあふれ、不規則で激しい感情の表現は、ルネサンス末期から反動宗教改革などのように、絶えず変化していた時代背景を反映しています。フランスではルイ14世様式として開花し、ヴェルサイユ宮殿で洗練された様式として完成しました。

ロココ（rococo）

　18世紀中頃にフランスを中心に盛んだった、華麗で装飾の多い建築や美術などの様式です。人間生活の快適さや美しさを徹底して追求する意識から生まれた、実利主義的な側面ももちます。

　それゆえにルネサンスのシンメトリックな合理的美感ではなく、変化に富む優美で官能的な曲

線と、非対称な流動感を示す造形となりました。個人生活を基本に展開し、渦巻状の葉群模様、花、リボン、楽器などがモチーフとなり、角張ったものが嫌われて楕円や角なしの部屋が好まれました。

アールヌーボー（art nouveau）

「新しい芸術」という意味のフランス語です。1896年、パリに開店した美術工芸店「アールヌーボーの家」がもとになっています。19世紀末から20世紀初頭にかけて、工芸と美術の融合を図るべく起きた美術工芸運動がきっかけとなり、新様式の創造を目指す活動がヨーロッパ各地で起こりました。フランスとベルギーを中心に広く国際的に流行しましたが、ドイツではユーゲント・シュティル、ウィーンでは分離派（セセッション）として展開されました。日本の建築、美術にも大きく影響を与えました。

線や形に植物からヒントを得た、流れるような曲線が取り入れられているのが特徴です。絵画、工芸、建築、インテリア、グラフィックなど広い分野に浸透した様式です。

アールデコ（art deco）

1925年にパリで開催された「国際装飾美術展覧会」の名称に由来しています。様式としての特定の色や形をいうのではなく、この時代にあった独特な造形全体を指しています。造形的にはキュビズム、ロシアバレエ、アメリカンインディアン美術、古代メキシコ、エジプトなどの造形スタイルを混合した様式です。

それでもシンメトリカルな構成と古典主義的な直線への傾向をもち、同時に生産に適合した単純なデザインを見つけ、モダンデザインの先駆をなしたものです。

ポストモダン（post-modern）

近代デザインにおけるモダニズムの追求は、機能主義に基づく禁欲的で単純な形態を創造しました。しかし、ポストモダンの概念が、建築においては1977年の『ポスト・モダニズムの建築言語』（チャールズ・ジェンクス著）から広まり、デザインにおいては1981年に、イタリアのエットーレ・ソットサスによる「メンフィス・ショップ」設立が契機になりました。

工業化社会におけるモダニズムデザインは、結果として遊びや楽しみなどという本来の人間らしい情緒的な要素を消失させてしまう側面をもっていると指摘されました。装飾や表象といったイメージを、遊び心と分裂的表現手法によって表現した新しい造形の波を創出し、あらゆるデザインや建築の分野に強い影響を与えました。

色彩の機能と効果

　明かりがまったく入らない真っ暗な部屋の中に置かれている物は、形も色もまったく分かりません。しかし手で触ってみると、不正確であっても何となく形がどのようなものかのヒントはつかめます。一方、色は真っ暗闇の中では、知るすべがありません。普段、私たちはさまざまな色を見て感じていますが、色は光があって初めて認識されるものです。

　購入した服を自宅で見たら、売場で見た色とは違って見えたという経験は、店と自宅の明かり（光源）が異なっていたことが原因です。ですから、「色」を知るためには「光」を知る必要があります。この項では色彩についてだけ述べていますが、次項で解説する照明との関係をまず理解しておいてください。

体系化されている色の基礎

　太陽光線がガラスのプリズムを通ると、分光して紫、青、緑、黄、橙、赤などの色の帯（スペクトル）が現れます。無色に見えている太陽光の中には、実はこんなにもたくさんの色光が隠れているのです。原理的にはこれらの色だけでなく、私たちが目にする色のすべてが太陽光に含まれています。例えば、木の葉が緑色に見えるのは、葉の表面に当たる太陽光のうちの緑の光だけが反射され、それ以外の光は葉に吸収されてしまうからです。その反射した緑の光が私たちの目に入り、網膜で感じて、脳が緑色であることを判断しています。

表色系

　膨大に存在する色を分類し体系化することによって、各々の色を記号化したものを表色系（カラーオーダーシステム）といいます。体系化の方法の違いによって、いくつかの種類の表色系があります。日本工業規格（JIS）で採用されているのは「修正マンセル表色系」です。ほかに「オストワルト表色系」などがあり、学校教育、企業研修、ファッションなどにおいては「PCCS（日本色研配色体系）」が用いられています。PCCSは色彩調和を主な目的に開発され、明度はマンセル、彩度はオストワルトの両体系を取り入れて、色相とトーンの2つの系列で表示しています。

　体系化において、色は色相・明度・彩度という3つの尺度で分類されています。これらは色の性質を示す要素でもあり、この3つを「色の三属性」といいます。

<巻頭カラー参照>

色の分類

色は次の2つに分類できます。
- **無彩色**……白、灰、黒で、色味がなく、明度だけで色の違いを示すものです
- **有彩色**……彩りと色味のあるものですが、わずかに有彩色が混じった灰色などは、視覚上の分類は微妙です。

色の三属性

・**色相**

赤、黄、緑などという、有彩色の色味の違いを表します。色は光の波長の違いによって赤→橙→黄→緑→青→紫というように連続して色味が変化します。各表色系は、そのスペクトルの色の中からそれぞれ代表色を選定して、基本の色相を決めています。その順に色相を円環状に配列したものを「色相環」といいます。

マンセル色相環は、基本5色相（赤・黄・緑・青・紫）に、中間色相5色（黄赤・黄緑・青緑・青紫・赤紫）を加えた10色で成り立っています。オストワルト表色系の色相環は24色です。

色相環の中心に対して向かい合っている2つの色を、「補色関係」にある色といいます。補色同士の配色は両方の色の鮮やかさを増す効果があり、また補色関係の色を混色すると、限りなく無彩色に近づきます。

・**明度**

色の明るさを示す度合いのことで、無彩色にも有彩色にもある性質です。最も高明度の白から灰色、そして最も低明度の黒へと、明るさの順に配置したものが「無彩色の明度段階」です。有彩色もこの基準に当てはめて、色の明るさの度合いを決めます。

・**彩度**

色みの強さ、鮮やかさを示す度合いのことで、最も高彩度の色を純色といいます。純色に白または黒を混色したり（清色）、純色に灰色を混色する（濁色）と、その度合いが進むごとに彩度は低くなります。ただし、無彩色に彩度という性質はありません。

トーン

明度と彩度を複合した概念で、色の調子を示します。有彩色の明度と彩度による修飾語で示されますが、デザインにおいては「全体をダークなトーンでまとめよう」など、実際の色を決める前にまずトーンで考えることも多いようです。どの色相にも、明度と彩度の変化によって、明、暗、強、弱、濃、淡、深、浅などの調子が生じます。これを共通認識のトーンとしてまとめて分類されています。

イメージと色

　ファッション、商品、ディスプレイ、広告など、あらゆるものの第一印象は色で決まるといってよいほど、色は見る人に強いメッセージを投げかけます。それは単色によるイメージと、いくつかの色の組み合わせ（配色）によって発生するイメージに分けることができます。単色の場合は1つの色に対して人が抱く印象ですが、これには「色相のイメージ」と「トーンのイメージ」があります。

※下記のトーンのイメージはPCCSトーンの分類

色相のイメージ

赤　：情熱、興奮、強烈、革命、危険　　青紫：気品、高貴、神秘、透明、心配
橙　：快活、陽気、健康、若さ、喜び　　紫　：高貴、古典、優雅、気品、上品
黄　：明快、軽快、陽気、安全、支配　　赤紫：耽美、華美、権力、強情、性的
黄緑：新生、平和、沈静、若者、弱者　　白　：潔白、無垢、清潔、清楚、平和
緑　：自然、希望、青春、平和、安全　　灰　：地味、憂鬱、悲嘆、退屈、平凡
青緑：冷静、神秘、清浄、信頼、深海　　黒　：神秘、厳粛、恐怖、罪悪、悲哀
青　：理知、理想、鎮静、清涼、清純

トーンのイメージ

vivid tone（ビビッドトーン）：＝鮮やかな、派手な

deep tone（ディープトーン）：深い、濃い

strong tone（ストロングトーン）：強い、くどい

bright tone（ブライトトーン）：明るい、にぎやか

dark tone（ダークトーン）：暗い、重厚な

dull tone（ダルトーン）：くすんだ、鈍い

soft tone（ソフトトーン）：柔らかい

light tone（ライトトーン）：明るい、陽気な

dark grayish tone（ダークグレイッシュトーン）：濃く、重い

grayish tone（グレイッシュトーン）：地味、渋い

light grayish tone（ライトグレイッシュトーン）：穏やかな

pale tone（ペールトーン）：淡い、軽い

性質によって異なる色の機能と効果

　色にはさまざまな機能と効果があります。デザインにおいては、期待どおりの良い結果を得るために、そのさまざまな性質を巧みに利用します。ここでは基本的な事柄を中心に、色の性質を記します。

寒色、暖色
　見て寒く感じる色か暖かく感じる色かということですが、色相環で見ると分かりやすくなります。赤や橙や黄あたりが暖色系、黄緑や緑あたりが中性色系、青緑や青や青紫あたりが寒色系、紫や赤紫あたりが中性色系、といわれています。ただし、配色やトーンの変化などによって、多少の違いが生じます。

進出性、後退性
　色相と明度、彩度すべてに関係する性質です。彩度の高い暖色系の色は進出して見え、彩度の低い寒色系は後退して見えます。また、明暗という明度差のある配色の場合、明度の高い（明るい）ほうが、その逆よりも進出して見えます。

膨張性、収縮性
　進出・後退性と同じ関係にあるといえます。画面の「図」と背景となる「地」の関係によって、地よりも図の彩度あるいは明度が高いと膨張して見え、低いと収縮して見えます。つまり、同じ形のものでも、色によって大きくも小さくも見えるということです。

色の対比
　通常、色を単独で見ることはまれです。ある色は、他の色との関係や環境の中で、組み合わされて存在しています。隣り合う色によって、つまり他の色との対比によって、色は変化して見えます。色の対比には、三属性の色相と明度と彩度のそれぞれに、対比現象があります。また、このように隣り合って起こる対比とは別に、時間の経緯によって起こる補色残像があります。

・**色相対比**
　色相の対比による色の印象の変化のことです。例えば、2つの同様な画面で、図の色が同じでも、地の色相が違うと、図の色相が本来のものとは違って見えることをいいます。図と地が補色関係にある場合は、両者ともに彩度がいっそう鮮やかさを増して見えます。

・明度対比
　明度の対比による色の印象の変化のことで、例えば中くらいの明るさの灰色の図に、黒と暗い灰色の2つの背景（地）を配置した場合、黒い背景の図のほうが明るく見える現象をいいます。これは、図と地の明度のコントラストの差によって生じた変化です。

・彩度対比
　彩度の対比による色の印象の変化のことです。例えば高彩度の赤の色面と、同じ彩度の灰色の色面があるとして、中くらいの彩度の赤の図をそれぞれの色面の中に置いた場合、灰色を背景とした赤い図のほうが彩度が高く見えることをいいます。

・補色対比
　補色関係にある色の対比による色の印象の変化のことです。例えば赤の図を黄の色面の中に置いた場合に比べて、補色関係の青緑の色面の中に置いたほうが、赤の図はいっそう鮮やかに見えることをいいます。色相対比の一種です。

・補色残像
　色をじっと見つめた後に、その刺激によって時間が経過してから現れる現象のことです。赤を見続けた後に白い画面を見ると、赤の補色の青緑が見えてくるというような例があります。

視認性

　見えやすく目立つことを「視認性が高い」といい、配色効果と密接に関連しています。配色における視認性は、明度差で決まります。同じ面積で比べた場合、黒の地に黄の図が最も視認性が高く、2番目はその逆の配色です。この場合、明度の差が大きいという理由のほかに、黒が後退色で黄が進出色であるという効果もあるでしょう。つまり、色の視認性は、図と地の明度差が大きいという点、高彩度の色の採用という点などが要因として挙げられます。ですから、中間色による配色は視認性が低くなります。

配色＝色の組み合わせについての基本

　前項の「色のイメージ」で述べたように、色は単独でも組み合わせでも、さまざまなイメージを与えます。単独の色がもつイメージについては記述しましたので、ここでは組み合わせ、つまり配色についての基本を述べます。

ベーシックカラーコーディネイト

・色相差による配色

　色相環に並ぶ各色相のうち2色を選んだ場合、その2色をそれぞれ環の中心点と線で結んだ時にできる2本の線の開いた角度が小さいか大きいかによって、異なったイメージの配色を作ることができます。

　2色の角度が0度の場合は「同一色相」の配色といいます。15度の場合は「隣接色相」、30～45度は「類似色相」、60～105度は「中差色相」、120～150度は「対照色相」、165～180度は「補色色相」といいます。明度差あるいは彩度差、トーンや面積の差などの方法で、2色の配色効果を計画します。

・明度差による配色、彩度差による配色

　同一色相で、明度差あるいは彩度差のある2色の配色は、その基本となる色相がもつイメージを、全体の自然な調和感で伝えることができます。

多色によるカラーコーディネイト

・アクセントカラー（accent color）

　全体を引き締めるために用いる色が、アクセントカラーです。全体とのバランスを考えながら、色相とトーンに変化をつけ、小さい面積で使用することにより、アクセント効果を高めます。また、その部分に人の視線を引きつける効果もあります。

・セパレートカラー（separate color）

　セパレートは「分離」という意味です。補色同士の配色でも、明度が近似値の色相の場合、なんとなく色面の境界が不明瞭な配色に感じます。色相が近い配色も、同様です。そういった2色の間に配置して、色の不明瞭さを解消する役目の色を、セパレートカラーといいます。

・グラデーション（gradation）

　ある一定の規則によって段階的に変化するものをグラデーションといいます。色の三属性（色相、明度、彩度）のそれぞれで、グラデーションの配色を作ることができます。色相環の順に色を並べると、虹のように徐々に変化する色相のグラデーションとなります。また、黒、灰、白と段階を追って明るさが変化する無彩色のグレースケールは、明度による代表的なグラデーションといえます。同一色相で、くすんだ色から徐々に鮮やかな色合いに変化していくのは、彩度によるグラデーションです。この配色法は美しいリズミカルな効果が得られます。

・ドミナントカラー（dominant color）配色

　ドミナントとは支配的という意味で、1つの色相で全体をまとめる配色のことです。同一色相

ですから、色彩の変化は明度差や彩度差、あるいはトーンに変化をつけることによって行われます。トーンを揃えて静的なイメージにしたり、明度差によってコントラストのある配色にしたりできますが、いずれにしても統一感のあるまとまった印象のものになります。

・ドミナントトーン（dominant tone）配色

　ドミナントカラー配色は色相を統一しますが、ドミナントトーン配色はトーンを揃える配色法です。全体感を、例えば白っぽくしたり黒っぽくしたりという場合に用います。個々の色相の主張は弱くなるので、たくさんの色相を同時に使う傾向があります。

ファッションカラーコーディネイト

・トーンオントーン（tone on tone）配色

　同一色相の、濃淡による配色法です。

・トーンイントーン（tone i tone）配色

　同一トーンの、多色による配色法です。

・フォカマイユ（faux camaieu）配色

　色相、明度、彩度、トーンに差が少なく、あいまいで1色に見えるような微妙な色同士の濃淡による配色を、カマイユといいます。カメオのブローチの色合いのようなものです。ソフトで優し気な印象を与えます。これにもう少し濃淡をはっきりさせた配色法が、フォカマイユ配色です。

・トリコロール（tricolor）配色

　フランス語でトリは3、コロールは色、つまり明快な3色による配色のことです。狭い意味では、フランス国旗の赤・青・白の配色を意味しています。

・ビコロール（bicolor）配色

　ビコロールはフランス語で2色を意味しますから、メリハリのある明快な印象の2色配色のことを意味します。主に白と赤、白と青などの2色配色をいいます。英語では「バイカラー配色」といいます。

照明の機能と効果

　色彩の項の冒頭で述べたように、物を認識するのに光の役目は最も重要です。太陽の光（白色光）は無限の色で構成されていますが、私たち人間は紫外線と赤外線の間の380〜780nm（ナノメートル、1nm＝10億分の1m）の電磁波を可視光線として見ており、その波長の差を色合いの差として感じています。赤外線に近いほう（波長が長いほう）から赤、橙、黄、緑、青、紫という色の順（光のスペクトル）になり、その外側が目には見えない紫外線です。

　白色光であるはずの太陽光も、季節や時間によって地球との距離や角度が変化するので、色が変わります。例えば夕焼けは、太陽光が赤味を帯びたことによって起こるものです。自然光はこのように、環境によってさまざまに色が変化しますが、人工光はその光源の種類によって、発生する光の色が違います。前に述べたように、商品を持ち帰って見たら、売場で見た色と違って見えたというのは、異なる照明の下で見たことが原因です。

　照明にはこの色の要素のほかにも、さまざまな機能と効果があります。それらの基本的な事柄の概略を、ここでは述べていきます。

光の表示単位＝機能や効果の違いや度合い

光束

　記号は「F」、単位は「lm（ルーメン）」で表します。電球などの光源から1秒間に放射される光の量のことで、光源が大きくなれば、それだけ多くの明るさを得られます。一方、電球が使用される際の消費電力を「W（ワット）」で示しますが、この数値は電球の明るさを示す役目も果たしてきました。そのために、LEDは白熱電球に比べて少ないW数で同等の明るさが得られるので、lmで表示するとともに、明るさの目安として60W相当、80W相当などの表示もしています。

光度

　記号は「I」、単位は「cd（カンデラ）」で表します。ある方向の光の量（強さ）を示す単位です。

照度

　記号は「E」、単位は「lx（ルクス）」で表します。照明の光を受ける面（商品表面、テーブル面、壁面など）の明るさの度合いを示す単位で、光束の量を、その光を受ける面の面積で割った値で

求めます。日本工業規格（JIS）では、室内外のさまざまな施設の、あるべき照度の数値を細かく定めた、人工照明の標準照度規準を規定しています。

輝度

記号は「L」、単位は「cd/㎡（カンデラ・パー・平方メートル）」、「nt（ニト、1nt=1cd/㎡）」などを用います。ある方向から見た、物の輝きの強さを表す単位です。ほどよいレベルの輝度は、心地良い刺激やきらめき感を与えますが、強すぎるとまぶしさ（グレア）となり、不快感や疲労につながります。

色温度

単位は「K（ケルビン）」で表します。光源の光色（赤っぽい、青っぽいなど）を表す尺度で、色温度が低いと光色は赤味を帯び、色温度が高くなるほど青味が強くなります。白熱電球（100V・100W）は2850K、昼光色蛍光ランプは6500Kと表示します。蛍光灯は光色によって「電球色」3000K程度、「昼白色」5000K程度、「昼光色」6000K程度に分類されています。LEDの光色の分類もこれに準じています。

演色性

人工光は、光源の種類によって発する光の色が違うので、物の色の見え方も違ってきます。照明で物体を照らす際に、太陽光が当たった時の色をどのくらい再現しているかを示す指標を、演色性といいます。太陽光線下の見え方に近い照明の光源を、「演色性が良い」といいます。それぞれの照明による色の見え方は、平均演色評価数（単位は「Ra」）という指数で表し、原則として100に近いほど演色性が良いと判断されます。一般にRa80以上あれば、色の見え方のズレは少ないといえます。白熱電球やハロゲンランプは最高値のRa100、蛍光灯（普通形）はRa60〜74です。LEDは、開発当初は演色性に対する評価が低かったのですが、現在ではRa90以上の製品もあります。

照明器具の種類

照明器具は、設置の場所や状態によって用途が異なると同時に、分類する名称もさまざまです。
・シーリングライト（ceiling light）

天井面に直接取り付けた照明器具。

・シャンデリア（chandelier）

　フランス語のろうそく（Chandelle）が語源で、たくさんの光源を用いる装飾性の強い照明器具。クリスタルガラスなどと組み合わせた豪華なものが一般的です。

・ペンダントライト（pendant light）

　天井からコード、チェーン、ワイヤーなどで灯具を吊るす形式の照明器具。

・ダウンライト（down light）

　天井に埋め込まれた小型の照明器具で、真下方向を直接照らします。光の方向の調整が可能なユニバーサルタイプもあります。全体の照度を確保するためのベースライトや、特定の部分を局部的に照らす重点照明に使われます。

・ブラケットライト（bracket light）

　壁から張り出して設置される照明器具。

・フロアスタンド（floor stand）

　灯具に脚が付いたもので、床に置いて使用します。

・スポットライト（spot light）

　特定の方向に向けて照射する照明器具で、光の大きさを制御するためのレンズが、前面に付いているものもあります。

・フットライト（foot lights）

　足元を照らすために、床面の少し上に設置される照明器具。

・直管器具

　蛍光灯などの直線型照明器具で、オフィスや学校などで、高い位置から空間をまんべんなく均一に照らす全般照明として用いられます。

さまざまな光源の種類と機能

・白熱電球

　フィラメントが高温に発熱した熱放射が、可視光となって放射するものです。色温度は1500〜3000Kくらいで、暖かい色調の光が特徴です。最も一般的な電球として、広く用いられています。フロスト状のガラスのものをシリカ球、透明ガラスのものをクリア球と呼んでいます。

・ハロゲンランプ

電球の中にハロゲン元素を含む不活性ガスを封入して発光するものです。電球が小型になり、照明器具の小型化にもつながりました。また白熱電球よりも光が強くシャープで、寿命も長くなっています。店舗や展示など、広い用途で使われています。

・蛍光ランプ

低圧水銀蒸気の放電によって発生した紫外線が、ガラス管の内側に塗布した蛍光体によって、可視光に変えられたものです。熱放射が少なく長寿命で、同じワット数で光の量が多いという省エネルギー性の高い電球です。また点光源に対して線光源が特徴ですが、その管を曲げたり、巻いたり、球のカバーを付けたりして、白熱電球のソケットで使用できるタイプもあります。

・H.I.D. 光源

ガラス管の内部に金属ガスを封入して放電し、可視光とするもので、高輝度放電管といいます。水銀ランプ、メタルハライドランプ、高圧ナトリウムランプなどがこの仲間で、長寿命で省エネルギーの光源です。

・LED

発光ダイオード（Light Emitting Diode）の略称。電気エネルギーを直接光に変換する特殊な半導体素子によって発光するもので、その材料の違いによって発光色も異なります。特徴としては、小型で輝度が高く低発熱で、少ない消費電力で長寿命なため、従来はパイロットランプとして使用されました。赤、黄、橙、緑に加えて青が開発されて光の三原色（赤・緑・青）が揃い、LEDの白色化やフルカラー化が実現されました。屋内外の照明はもちろん、カラー映像パネル、信号、イルミネーション、工業製品など、用途が急速に拡大しています。また、紫外線や赤外線の放射がほとんどないため、貴重品を損傷しない明かりとしても使用されています。

店舗における照明の機能と効果

店舗の照明は設備と機能の面で大別すると、売場全体を明るくする基本的な役割の「全般照明（ベースライト）」、壁面を明るく照らす「ウォールライト」、部分的な局部照明として照らす「重点照明（スポットライト）」などがあります。

・全般照明

店内全体を均一な明るさに照らすように設計された、天井に設置する基本照明のことです。高い位置から柔らかな光で照らすために、天井直付けや天井埋め込み式の直接光や蛍光灯を用いた

りしますが、よりソフトな雰囲気を創出する間接照明によるものもあります。全般照明だけでは平坦なイメージになりやすいので、重点照明などを取り入れて、空間における明るさの強弱を図ります。

・補助照明

　全般照明の補助的な役割の明かりです。店奥への誘導や暖かみを印象づける効果があり、ダウンライトが主流ですが、照明ダクトレールに取り付けて用いたりします。

・重点照明

　VPやPPなどの演出で強調して注視させたい箇所や、店舗の視覚的に重要な箇所を部分的に照らし、際立たせるための局部的照明です。全般照明と組み合わせて使用すると、空間における明るさのメリハリがついて、お客さまの目を引く演出照明としても効果が高まります。

・ウォールライト（ウォールウォッシャー）

　壁面そのものを明るく照らす目的の照明です。店内の壁面が明るくなると、店舗全体の明るさを感じさせると同時に、空間をより広く感じさせます。また、壁面の素材感や質感を強調する演出照明にもなります。この壁面を光で洗うような照明方法から「ウォールウォッシャー」とも呼ばれ、特に店奥の壁面を明るくすると、奥行き感と開放感が強調されて誘客効果を発揮します。

・商品照明

　商品に関する情報を正しく的確に伝達することを目的にした照明です。商品の色や形や素材感などを正確に魅力的に表現し、それによってお客さまに用途の想像をかき立てるライティングです。

・鉛直面照度

　光源に対して垂直な面が受ける明るさの度合いを表します。売場では壁面陳列面やディスプレイなどの垂直面の照度がこれにあたります。前方を見るお客さまの視線には、空間の中で上下に立ち上がった状態の鉛直面が認知しやすいので、その方向での商品への照明として重要です。

・水平面照度

　光源に対して水平な面が受ける明るさの度合いです。一般に「照度」という時は、この水平面照度を指すことが多いです。売場のベース照度や、カウンター、テーブル、ステージなどの平らな面の照度がこれに相当します。

商品装飾展示に使用する用具

　商品装飾展示をスムーズに効率良く、美しく仕上げるには、以下の内容を正しく理解することが基本であり、大変重要です。特に用具には、使いやすい大きさや形があるので、日頃から作業や実習等で練習し、使い慣れておき、試験にはその用具を持参しましょう。

・ピン
　ピンナップやピンワークなど、ピニングを行う際に使用します。多くの売場で現在は、安全性の意味で、お客さまの手や身体に触れる場所での商品の展示には使用はしない傾向にあります。
　ピンの種類は、ピニングの用途・目的・商品の素材などによって使い分けます。比較的薄手の素材には、３号以下のシルクピンなど細いものを、厚手の素材には５号程度の太いものを使用します。一般的には、鉄・ニッケルメッキの３号ピンが、見た目に美しく、ピンの跡が目立たないため、応用範囲も広く、多く使用されています。
　安全性の面から、外れやすい打ち方や紛失などがないように、慎重に扱いましょう。

・ピンクッション
　使用するピンを、種類別に刺しておくものです。作業の効率を上げるとともに、紛失防止にもなります。ピンはアタマまでしっかり刺し、抜けにくくしておきます。腕に取り付けられる半球型のものが使いやすいでしょう。

・テグス
　商品や軽い装飾物を吊る際などに使用します。透明で、ナイロン製のものが一般的です。太さは号数で表し、号数が大きくなるほど太くなります。目安としては２号から５号までで、通常は３号を主として使用します。

・ガンタッカー
　ヒートン（吊り金具）などが設置されていない、主として壁面・天井・床などのディスプレイするスペースにテグスをしっかり留める際や、布や紙などの演出小道具を留めつける時に使用します。商品を直接留めたりするのに使用することはないので注意しましょう。

・金づち
　ピンを打つ際に使用します。柄の短い小型で軽量のものが使いやすいでしょう。

・ニッパー
　ピンやガンタッカーの針を抜いたり、針金やテグスを切ったりする際に使用します。

図1

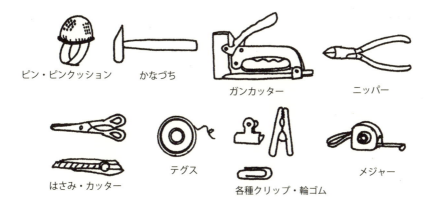

『ビジュアルマーチャンダイザー』早乙女喜栄子著（繊研新聞社）

図2

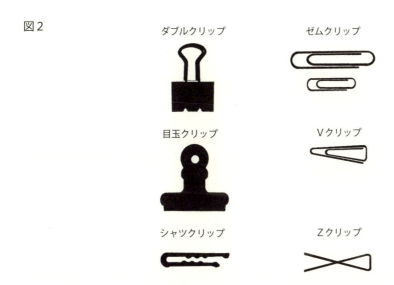

- ペンチ

　ピンやガンタッカーの針を抜いたり、針金を曲げたりする際に使用します。

- はさみ

　紙や布、リボン、ひも、テープなどを切るのに使用します。使いやすく、よく切れるものを用意しましょう。

- メジャー（巻き尺）

　2mくらいの金属製のものが使いやすいでしょう。特に布類やリボン、ひもなどの柔らかいもの、長い素材を測る時などに使用すると便利です。検定の実技試験では欠かせない用具です。

・クリップ

　ピンを使用せずにディスプレイの形を整える際に、挟んだり、つまむのに使います。クリップ自体が見えないように注意します。いろいろな形や大きさのものがあるので、目的や用途に合わせた仕様のものを、適切に使いましょう（図参照）。

・ワイヤー

　金属線、針金のことをいいます。商品を意図的に形づける場合に使用します。番号が大きくなるほど細くなります。

・接着剤

　いろいろな種類があります。紙はもちろんですが、スチロール系やアクリル系、塩ビ系、皮革系など、対象素材と用途によって、接着が可能かどうか、必ず確認しましょう。誤って使用すると、素材を溶かしたり、汚損したりすることがあるので注意が必要です。

・スケッチ用具

　POPカード類の作成に必要なのは、基本的な筆記用具のほか、色鉛筆や色フエルトペン、直定規などです。また、イメージスケッチなどを作成するには、スケッチに適した鉛筆や三角定規、三角スケール、コンパスなども必要です。いずれも使い慣れておきましょう。

・紙

　POPカード、ラッピング、フォーミング、演出小道具、イメージスケッチなど、使用目的ごとに、さまざまな種類や特性の紙を使い分けます。用紙の国際規格はA判で、B判は日本独特の判です。同じ号数の場合は、B判のほうが大きく、B3→A3→B4→A4→B5→A5の順で小さくなります。また、商品を形づけるフォーミングやパディングには模造紙、クラフト紙、薄葉紙等も使います。

・その他

　セロテープ・両面テープ、カッター・金定規、縫い糸・縫い針、ステープラー（通称ホッチキス）、プッシュピン、ピンピッター、ドライバー、輪ゴムなどを、作業の必要に応じて使用します。

　ディスプレイする商品を傷めず、また、使用した用具（ピン、ガンタッカーの針、テグスの結び目など）が目立たないように、種類や用途・使用方法をそれぞれ適確に理解しておきましょう。

関係法規と安全衛生の知識

　消防法関係法令、建築基準法関係法令、著作権法関係法令、製造物責任法関係法令、大規模小売店舗立地法関係法令のうち、商品装飾展示に関係する部分、安全衛生に関しては、作業手順などや、労働安全衛生法関係法令の商品装飾展示に関係する部分が技能検定の出題対象となります。

商品装飾展示に関係する法規

消防法関係法令

　消防法関係法令では、「消防の用に供する設備」にはどのようなものがあるのか、排煙口付近での展示物の配置に関する制約、「防炎物品」などの一般的な知識が必要です。

　「消防の用に供する設備」は、火災やガス漏れなどの警報設備、避難はしごや救助袋、緩降機などの避難設備、消火栓やスプリンクラーなどの消火設備などがあります。排煙口付近での展示物の設置に関しては、排煙に伴い生ずる気流を閉鎖するおそれがないことが条件となります。

　「防炎物品」は、消防法に定められた防炎性能基準の条件を満たしたもののことをいいます。不特定多数のヒトが出入りする施設や建物で使用されるカーテンやじゅうたん、工事現場で使用される工事用シートなども、防炎物品の使用が義務づけられています。

建築基準法関係法令

　建築基準法は、国民の生命・健康及び財産の保護を目的として、建築物の敷地・設備・構造・用途について最低基準を定めた法律です。

著作権法関係法令

　著作権法は、知的財産権の1つである著作権の範囲と内容について定める法律です。著作者に著作権などの権利を付与することにより、その権利を付与する法律であり、著作物の保護期間は、2018年12月30日から原則として著作者の死後70年となりました（それ以前は50年）。その対象は、小説、音楽、絵画、地図、映画写真、プログラムなどのほか、データベースなど広範囲に及びます。また、著作権は譲渡することができます。

製造物責任法関係法令

　製造物責任法はPL法と略称され、その対象を製造、加工または輸入された工業製品や農畜産を原材料とする加工品としています。製造物責任法に基づく賠償請求権の有効期間は、被害者が損害及び賠償義務者を知った時から3年、その製造品を引き渡してから10年と定められています。

大規模小売店舗立地法関係法令

　大規模小売店舗立地法は、大規模小売店舗周辺地域の生活環境の保持のため、大規模小売店舗の施設の設置や運営などが適正に行われることを目的としています。大型店が地域社会との調和を図っていくためには、来客・物流による交通・環境問題等の周辺生活環境への影響について適切な対応を図ることが必要とされ、そのために、地域住民の意見を反映しつつ、地方自治体が大型店と周辺の生活環境との調和を図るための手続きなどを定めた法律です。対象となる大型店は、店舗面積1000㎡超えのものをいいます。

バリアフリー新法

　2006年に、公共交通機関を対象にした「交通バリアフリー法」と、大規模なビルやホテル、飲食店などを対象にした「ハートビル法」として内容が拡充されました。高齢者や障害者・妊婦・傷病者などが移動したり、公共施設などを利用する際の利便性・安全性を向上させるために、公共交通機関・施設及び広場・通路などのバリアフリー化を一体的に推進することを定めた法律です。正式名称は「高齢者、障害者等の移動等の円滑化の促進に関する法律」といいます。

商品装飾展示に伴う安全衛生の法規

　労働安全衛生法は、労働基準法とともに、労働災害の防止のための危害防止基準の確立、責任体制の明確化及び自主的活動の促進の措置を講ずるなど、その防止に関する総合的計画的な対策を推進することで職場における労働者の安全と健康を確保するとともに、快適な職場環境の形成を促進することを目的とする法律です。事業者は、法律で定める労働災害の防止のための最低基準を守るだけでなく、快適な職場環境の実現と労働条件の改善を通じて職場における労働者の安全と健康を確保するようにしなければならないと定められています。

　安全衛生に関する作業手順などでは、建設工事中の建物に入る場合のヘルメット着用の義務や、高所作業では安全帯及びヘルメット着用の義務づけなどがあります。

　なお、法規に関しては社会の変化に対応するため、随時、法律などが改正されています。定期的に関連省庁などのHPを確認するようにしましょう。

改訂第3版　国家検定
商品装飾展示
ガイドブック　技能検定

PART 2
学科の過去問題　解答と解説

学科 問題と解説（平成27〜30年度）

　各級の学科問題の表紙には、試験の際の「注意事項」が書かれています。本書では、平成27〜30年度までの学科問題の各級の扉頁にある「注意事項」の部分は、平成27年度のみ掲載し、他の年度については編集上省略しました。受検する場合は、各級の平成27年度学科試験問題の初めにある「注意事項」を参考にしてください。

　学科試験は実技試験と異なり、3級の問題の事前公開はありません。本書では、基礎知識の章（PART1）で各級の学科問題を解くにあたって必須となる基礎的な項目から専門的なことまで詳しく解説していますので、受検に際してはよく読み込んで理解しておくことが大切です。

　学科問題は級別に、3級は真偽問題30問、2級と1級は真偽問題が25問、多肢択一問題が25問出題されます。本書では各級の過去問題の末尾に解答を記入できるように解答欄を設けてあります。自身の力を試すために何度もトライする場合はコピーして使用することもできます。問題の解答は各級・各年度の末頁に掲載しました。

　問題の文中にある間違いやすい用語や、分かりにくい事柄については、アンダーラインを引きました。その部分については、各問題の後頁に分かりやすいポイント解説が掲載されていますので、しっかりと理解しておくことです。

　また、検定の学科問題に毎年のように登場する重要な用語や事柄については、自身で調べることも必要です。本書の他に『VMD用語事典』や巻末の参考図書一覧なども助けになりますから、目を通しておくことをお勧めします。

　各級の学科問題に答えるためには、商品装飾展示の基礎知識とそれに関連する事柄はもとより、最新の市場や、商品、流通、消費の変化等も知っておくなど、常日頃から何かを学ぶという姿勢が大切であることも追記しておきます。

　各級とも制限時間がありますから、速やかに問題に取り組み解答するようにしましょう。

中央職業能力開発協会編

平成27年度 技能検定3級 商品装飾展示 学科試験問題

商品装飾展示作業

1. 試験時間　　1時間
2. 問題数　　　30題
3. 注意事項

（1）係員の指示があるまで、この表紙はあけないでください。

（2）答案用紙（真偽法用）に検定職種名、作業名、級別、受検番号、氏名を必ず記入してください。

（3）係員の指示に従って、問題数を確かめてください。それらに異常がある場合は、黙って手を挙げてください。

（4）試験開始の合図で始めてください。

（5）解答の方法（真偽法）は次のとおりです。

　　イ．一つ一つの問題の内容が正しいか、誤っているかを判断して解答してください。

　　ロ．答案用紙（マークシート用紙）へ解答する際は、答案用紙に記載されている注意事項に従ってください。

　　ハ．答案用紙の解答欄は、試験問題の題数に応じて解答してください。解答欄は100題まで解答できるようになっています。

（6）電子式卓上計算機その他これと同等の機能を有するものは、使用してはいけません。

（7）携帯電話等は、使用してはいけません。

（8）試験中、質問があるときは、黙って手を挙げてください。ただし、試験問題の内容、漢字の読み方等に関する質問にはお答えできません。

（9）試験終了時刻前に解答ができあがった場合は、黙って手を挙げて、係員の指示に従ってください。

（10）試験中に手洗いに立ちたいときは、黙って手を挙げて、係員の指示に従ってください。

（11）試験終了の合図があったら、筆記用具を置き、係員の指示に従ってください。

●下記の問題をよく読み、正しいと思われるものには○、正しくないと思われるものには×を右側の解答欄の □ に記入しなさい。（※問題文中のアンダーライン部分は「問題のポイント解説」参照）

問題

1　ビジュアルマーチャンダイジングは、商品政策（マーチャンダイジング）を、視覚的に表現することで、販売やサービスを促進させる目的をもっている。

2　ポイントオブセールスプレゼンテーションとは、店頭販売のためにストックされた商品を、順序・配列を考えて並べる演出手法である。

3　アイテムプレゼンテーションとは、一般に、ショーウインドウやディスプレイステージを使って行う演出表現のことである。

4　マーケティングは、商品やサービスが生産者から消費者に至る全過程における市場に向けた活動であり、ビジュアルマーチャンダイジングもその中に含まれる。

5　小売業においては、マーチャンダイジングとは、消費者動向、商品動向などを把握し、適品を適時、適量、適所、適価で揃える活動のことをいう。

6　セールスプロモーションとは、販売促進のことをいい、広告、DM、チラシ、POP、ディスプレイ、イベント、展示会などの手段がある。

7　顧客の購買に至る心理移行の過程を表す法則として、アイドマの法則とアイドカの法則があるが、注目、興味、欲望、確信、行動といった心理過程を表したのは、アイドマの法則である。

8　セレクトショップとは、オーナーやバイヤーが自分の好みやセンス、個性を生かし、こだわりをもって品揃えをし、販売する店のことである。

9　業種とは、事業種目の略であり、百貨店、コンビニエンスストア、百円ショップなど取扱商品により分類されている。

10　商圏とは、商業施設に来店する、または来店の可能性がある消費者が住んでいたり、勤務している地域の広がりのことをいう。

11　アイランドディスプレイとは、店舗内の通路で囲まれ、独立した展示スペースのディスプレイのことで、注目度が高いことからフロアのメインディスプレイとしても使われている。

12　フォールデッドとは、商品をハンガーに掛けて見せることをいう。

13　ゴールデンスペースとは最も見やすく、触りやすい範囲のことであり、一般的には床高1500mm前後のことをいう。

14 アブストラクトマネキンとは、抽象的な顔立ちで、ヘアのないものをいう。

15 下図の器具の名称をホルダーという。

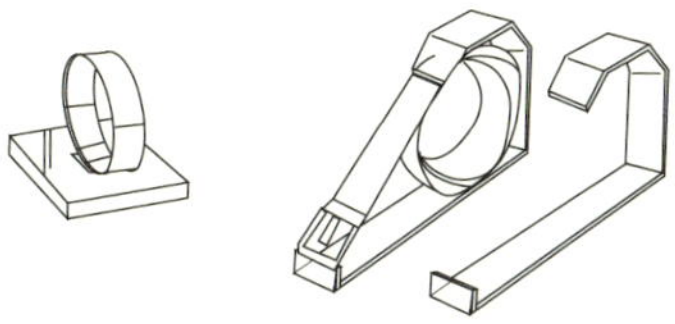

16 動線には、客動線と従業員動線があるが、一般に、従業員動線は長く、客動線は短いほど売上高の増大に結びつくといわれる。

17 下図はトレンチコートという。

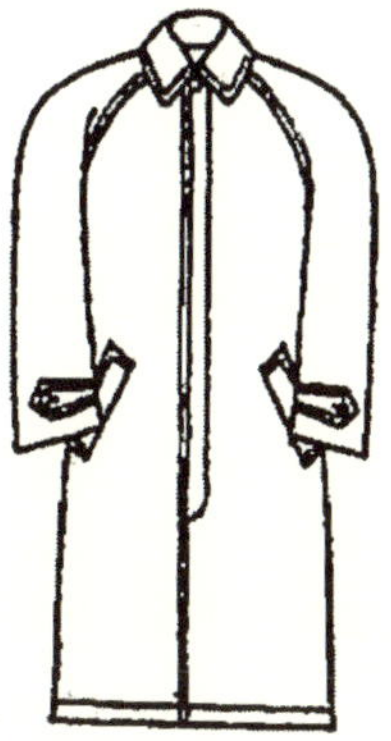

18 消費者がいくつもの店を見てまわり、比較検討して購入する商品を買い回り品という。

19 補色とは、色相環上でそれぞれの色に対抗する180度の位置にある色の関係を指す。したがって、黄緑色の補色は青色である。

20 下図は棚を表した平面図記号である。

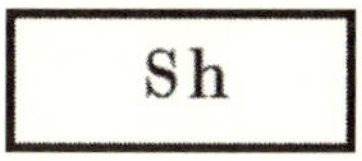

Sh

21 有彩色、無彩色を合わせたすべての色の違いを表したものを色相という。

22 LEDとは、light-emitting diodeの略称であり、発光ダイオードのことをいい、店舗用照明、イルミネーションをはじめ、家庭用の照明器具にも用途が広がっている。

23 シンメトリーとは、中心に対して左右や上下が同形の対称となる構成をいい、安定感、均衡のとれたイメージが得られる。

24 下図の文様は亀甲という。

25 ビス類を締め付けるために使われる工具は、ニッパーである。

26 下図のラッピング方法は、合わせ包みと呼ばれている。

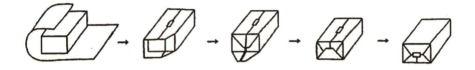

27 商品の正面を見せて陳列する方法をフェイスアウトという。

28 用紙の仕上がり寸法で、A2判はB3判よりも小さい。

29 アイデア、表現、技術などの実態のない知的創造物は、製作者の利益を保護するために、知的所有権として保護されている。

30 消防法では、商業施設において、移動可能な什器であれば、避難通路に設置できる。

解答
〈真偽法〉

番号	1	2	3	4	5
解答	○	×	×	○	○

番号	16	17	18	19	20
解答	×	×	○	×	○

番号	6	7	8	9	10
解答	○	×	○	×	○

番号	21	22	23	24	25
解答	×	○	○	×	×

番号	11	12	13	14	15
解答	○	×	×	○	○

番号	26	27	28	29	30
解答	○	○	×	○	×

平成27年度 3級学科【問題のポイント解説】

問題2 文章はアイテムプレゼンテーション（IP）のことです。ポイントオブセールスプレゼンテーションとは、アイテムプレゼンテーションの中から特定の商品を選び出し、商品自体のもつ魅力を強調して見せるディスプレイのことをいいます。

問題3　問題文はビジュアルプレゼンテーション（VP）のことで、アイテムプレゼンテーションとは、品揃えした商品を、色・柄・デザイン・サイズ・素材等の基準で分類・整理し、見やすく、分かりやすく、選びやすく配置、配列した陳列表現のこと。またはそのように陳列されたスペースのことをいいます。

問題7　問題文はアイドカの説明であり、アイドマの法則とは、Attention（注目）、Interest（興味）、Desire（欲望）、Memory（記憶）、Action（行動）の頭文字をとったものです。

問題9　問題文は業態であり、業種とは、生産体系による商品分類（取扱商品、事業の種別）による区分のこと。農産物・畜産物・水産物といった生産分類からは八百屋、肉屋、魚屋が、産地・素材・集荷の分類からは家具店、金物店、雑貨店などがあり、メーカー分類からは家電店、化粧品店、薬局などがあります。

問題12　フォールデッドとは商品をたたんで置くこと。ハンガーに掛けて見せることはハンギングといいます。

問題13　ゴールデンスペースとは、最も有効な陳列範囲をいいます。視点高と視野との関係で最も見やすく、手の届く範囲で、一般的には床高600〜1300mm前後といわれています。高さの範囲は諸説あり、店舗形態や商品によって異なります。しかし、1500mmは高すぎます。

問題16　店舗内で客さまが動き回る軌跡を「客動線」、従業員の動きを示すのを「作業動線」といいます。一般的に客動線が長く、作業動線が短いほど売上高の増大に結びつく、といわれています。

問題19　補色とは、色相環上で対向する180度の位置にある色を指しますが、黄緑色の補色は紫色です。

問題21　色相、明度、彩度を色の三属性といい、色相とは赤、黄、緑などという有彩色の色味の違いを表します。無彩色には、色相と彩度がなく明度のみがあります。

問題25　ビスは十字穴をもつ大ねじや小ねじを指し、締め付けにはニッパーではなく、ドライバーが用いられます。ニッパーは針金や電線などを切断する工具です。

問題30　消防法では、商業施設において、いかなる障害物でも避難通路に接地することはできません。

中央職業能力開発協会編

平成28年度 技能検定3級 商品装飾展示 学科試験問題

商品装飾展示作業

1. 試験時間　　1時間
2. 問題数　　　30題
3. 注意事項　　省略

●下記の問題をよく読み、正しいと思われるものには○、正しくないと思われるものには×を右側の解答欄の　　　　に記入しなさい。（※問題文中のアンダーライン部分は「問題のポイント解説」参照）

問題　　　　　　　　　　　　　　　　　　　　　　　　　　　　　　　　　　　　　　　解答欄

1　ビジュアルマーチャンダイジングとは、マーチャンダイジングの視覚化であり、商品をはじめ全ての視覚的要素を演出し管理する活動である。

2　ポイントオブセールスプレゼンテーションの目的の1つに、顧客を引きつけるマグネット効果がある。

3　ビジュアルプレゼンテーションは、VMDの体系に属しているが、その機能は、アイテム集積の近くで小見出し役のプレゼンテーションを行い、顧客が商品を選択するヒントを明示することである。

4　アイテムプレゼンテーションとは、商品の特徴を見せるために、壁面上部、什器上部や側面、テーブルなどを使って行われる商品プレゼンテーションのことである。

5　マーチャンダイジングは、マーケティング活動に含まれるが、消費者動向や商品動向まで把握する必要はない。

6　セールスプロモーションとは、需要を喚起・刺激し、販売を拡大する手段で、広告、DM、チラシ、POPなどのことをいい、ディスプレイ、イベント、展示会などは含まれない。

7　マーケティングの目標を効果的に達成するために用いる戦略的手段の組み合わせを、マーケティングミックスという。

8　テナントとは、一般的には、建物の一部または全部を賃借する個人または法人のことをいうが、小売業、フードサービス業では、ディベロッパーが開発、建設したショッピングセンター、商店街、寄合いビルなどと賃借契約をして入居

する店舗のことをいう。

9 小売業における業態は、百貨店、コンビニエンスストア、カテゴリー型専門店など、取扱商品により分類されている。

10 買い回り品とは、消費者の購買頻度が高く、毎日の生活の中で頻繁に購入する商品のことをいう。

11 次のゴールデンスペースの説明は、すべて正しい。
　①人間の視点高と視野を前提としている。
　②一般的に床からの高さが160～210㎝前後の範囲といわれている。
　③最も見やすく手に取りやすい高さの空間域である。

12 棚割りとは、販売時点の情報や商品計画・政策に基づき、陳列スペースのどこに・何を・どのように・どれだけ陳列するかを決めることである。

13 デッドストックとは、倉庫や売場に在庫として残っている商品をいうが、ヴィンテージの世界では、新品状態のままで保管されていた希少価値の高い製品として扱われることもある。

14 セルフサービス販売の基本什器であるゴンドラ什器の端部は、ゴンドラエンドと呼び、季節商品やイベント商品などの重点商品を配置するのに適している。

15 フィッティングルームは、出入りしやすいようにメイン通路に沿って設置することが望ましい。

16 レイアウトとは、店舗において什器、商品、通路の配置を行うことで、人間の動線は考えなくてよい。

17 小売店が独自に開発したブランドのことをナショナルブランドという。

18 この帽子はキャスケット（カスケット）という。

19 色の三原色は、レッド（R）・グリーン（G）・ブルー（B）の3色を指し、色を混ぜ合わせると明るくなっていくのが特徴である。

20 LED電球は、放射熱がほとんどなく、紫外線、赤外線も大幅にカットされるので、変色の気になる衣料品、美術品、熱に弱い食品にも使える。

21　これは平面図表示記号でシャッターを表す。

22　リピート構成とは、色、デザインなどを、1つのパターンで繰り返し見せることによって、商品の特徴を際立たせる手法である。

23　アールデコ様式の特徴は、動植物などのモチーフや、優美で流れるような曲線であり、代表的なものではエミール・ガレのガラス器、ルネ・ラリックの宝石などがよく知られている。

24　下図の文様は、「青海波」といい、縁起の良い吉祥文様の一つである。

25　ピンを使わずにディスプレイ商品の形を整える時に使い、一般にワイシャツクリップと呼ばれているのは、ハである。

26　レイダウンとは、吊るして見せる展示技法のことである。

27　スリーブアウトとは、衣料品の側面を見せて陳列する方法で、ショルダーアウトともいう。

28　下図のリボンの掛け方は、「斜め掛け」である。

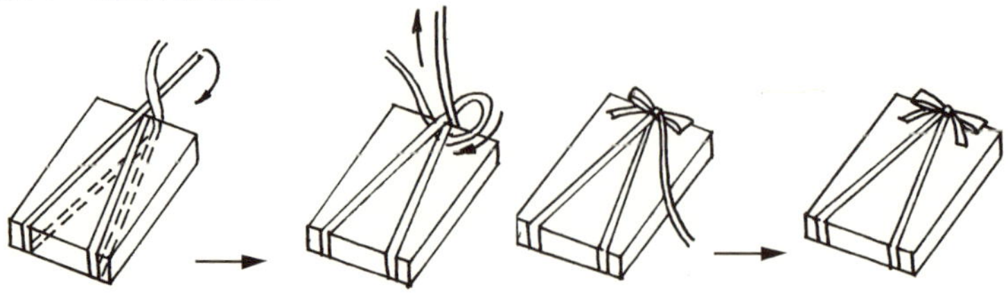

29　PL法とは、製造物責任法の略で、製造業者等の損害賠償責任と被害者の保護を図ることを目的とする法律である。

30　商業施設において商品を展示する場合、移動可能であれば避難通路に展示することは許可される。

解答
〈真偽法〉

番号	1	2	3	4	5
解答	○	○	×	×	×

番号	16	17	18	19	20
解答	×	×	○	×	○

番号	6	7	8	9	10
解答	×	○	○	×	×

番号	21	22	23	24	25
解答	○	○	×	○	○

番号	11	12	13	14	15
解答	×	○	○	○	×

番号	26	27	28	29	30
解答	×	○	×	○	×

平成28年度 3級学科【問題のポイント解説】

問題3　ビジュアルプレゼンテーションとはVMDの一手法であり、その機能はシーズンテーマや重点訴求商品、テーマなどを演出表現することです。アイテム集積の近くで小見出し役のプレゼンテーションを行い、商品の魅力や機能を明示するのは、ポイントオブセールスプレゼンテーションといいます。

問題4　問題文はポイントオブセールスプレゼンテーションの解説です。アイテムプレゼンテーションとは、アイテムの段階で商品を分類・整理し、見やすく選びやすくする陳列表現のこと。棚やゴンドラ、ハンガーラックで展開します。

問題5　マーチャンダイジングとは商品政策、商品化計画のこと。メーカーでは製品計画、製品開発、製品管理、小売店や問屋では商品を仕入れ取り揃える活動のことを指します。
消費者動向、商品動向、競合他社動向を把握し、適品を適時、適量、適所、適価で揃えることが理想とされます。一般的には、マーケティングの中に含まれます。

問題6　セールスプロモーションとは、需要を喚起・刺激し、販売を拡大する手段で、広告、DM、チラシ、POP、ディスプレイ、イベント、展示会があります。

問題9　小売業では、何を売っているかという主力商品による事業の分類を業種といいます。問題文にある百貨店、コンビニエンスストアなどは業態のことです。

問題10　文章は最寄品のことであり、買い回り品は消費者がいくつもの店を見て回り、比較検討して購入する商品のことをいいます。

問題11　ゴールデンスペースとは、人間の視点高と視野との関係で最も見やすく、手に届く範囲で最も触りやすい高さの空間域のこと。一般的には床高600〜1300mm前後、あるいは850〜1250mm前後など、高さの範囲は諸説あり、店舗形態や商品によって異なります。

問題 15 フィッティングルームは、その使用特性や防犯上から、不特定多数の人の目に触れることを避けたほうが良いため、多くの人が行き来するメイン通路に沿って設置することは望ましくありません。

問題 16 レイアウトとは、店舗において、人間の視線や動線を考えて、商品・什器や売場、通路の配置をすることです。

問題 17 ナショナルブランドとは、製造業者が作った商標のことで、全国的に認知度の高いものをいいます。

問題 19 問題文は光の三原色をいっています。色の三原色はシアン、マゼンタ、イエローであり、混ぜると暗くなり黒に近くなります。

問題 23 問題文はアールヌーボーのことです。アールデコは抽象的、幾何学な形状、模様に特徴があり、大量生産時代の装飾様式です。

問題 26 レイダウンとは、降ろす、置く、敷くなどの意味から、商品を平らに横たえるようにして見せる技法のことをいいます。

問題 30 避難通路には、移動可能であっても商品を展示をすることはできません。

中央職業能力開発協会編

平成29年度 技能検定3級 商品装飾展示 学科試験問題

商品装飾展示作業

1. 試験時間　　1時間
2. 問題数　　　30題
3. 注意事項　　省略

●下記の問題をよく読み、正しいと思われるものには○、正しくないと思われるものには×を右側の解答欄の □ に記入しなさい。（※問題文中のアンダーライン部分は「問題のポイント解説」参照）

問題

1　VP、PP、IPの分類の中でのVPとは、ビジュアルプレゼンテーションの略語であり、ショーウインドウや店内に設置したステージ、特定のスペースで印象深く商品を見せることである。

2　商品を品目の段階で分類陳列し提示することを、アイテムプレゼンテーションという。

3　ポイントオブセールスプレゼンテーションとは、店舗販売のためにストックされた商品を、順序・配列を考えて並べる演出手段である。

4　MPとはマーチャンダイズプレゼンテーションの略語で、商品を魅力的に見やすく、分かりやすく、選びやすく見せることである。

5　プロモーションとは、商品政策、商品化計画のことをいい、市場の動向を把握し需要を刺激するよう計画、生産、販売を行う企業活動をいう。

6　ECサイトとは、商品やサービスをインターネット上で販売するサイトのことであり、オンラインショップとほぼ同義語である。

7　定番商品とは、品切れ無く長期にわたって販売し、一定の売り上げを確保し続けている商品のことをいう。

8　商品をどのように売るかの営業形態による分類を業態といい、スーパーマーケット、コンビニエンスストア、百貨店などの実店舗があるが、インターネット販売、テレビショッピングなどの通信販売も業態に含まれる。

9　SPAとは、商品の企画、生産、販売を一体化して行う製造小売業のことであり、コストの削減とともに、市場の声をスピーディーに反映できるメリットがある。

10 ポップアップストアとは、百貨店、ショッピングセンターなどのテナント内の空き店舗を使い長期にわたって営業をする店のことである。

11 三六（さぶろく）とは、約1200㎜×約2400㎜の大きさの定尺物の略称をいい、ベニヤ、合板などの建築資材の規格寸法に使われる。

12 陳列棚で、最も見やすく手に取りやすい範囲をゴールデンスペースといい、一般的には、床高1500㎜～1800㎜前後をいう。

13 デジタルサイネージとは、屋外や店頭、交通機関などに設置された液晶ディスプレイなどの映像表示装置のことをいい、看板やポスターなどを電子化したものである。

14 マネキンにはさまざまな種類があるが、等身大のリアルなものをアブストラクトマネキンという。

15 下図の器具の名称を、ホルダーという。

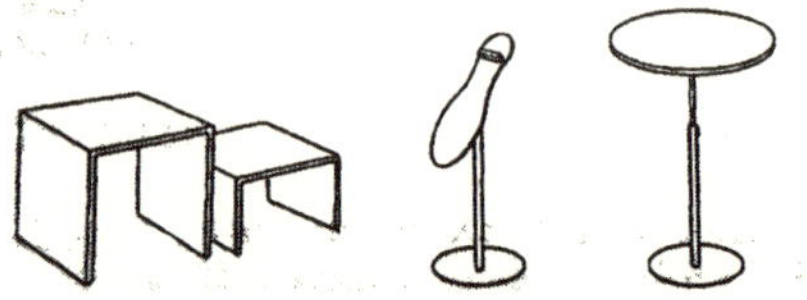

16 プロップス（props）とは、映画や演劇のセットで使われる小道具から転じた用語で、展示効果を高める小物、道具類、家具類を指す。

17 結婚式などの慶事に出席する際、正礼装としての女性の和装は付け下げ、色無地である。

18 人の一生を節目といわれる出来事によって区分した各々の段階を、ライフスタイルという。

19 次の襟の種類のうち、ステンカラーと呼ばれているものは、②である。

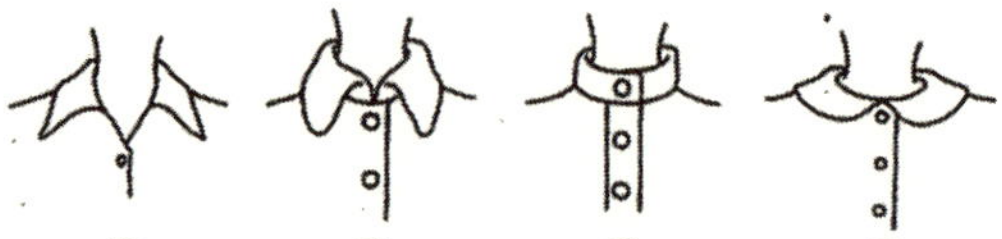

①　②　③　④

20 アールデコ様式の特徴は、流れるような曲線を主体とする自由なデザインにある。

21 下図は、ウインザーノットの結び方である。

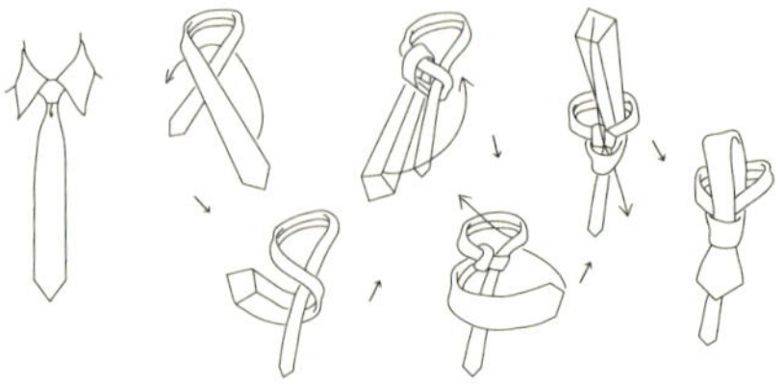

22 トーンとは、色彩用語において、明度と彩度を1つの要素として捉えた色調のことをいう。

23 このメガネフレームは、ボストン型という。

24 グレアとは、高輝度の光源などが、視野内に入ったときに、物が見えづらく不快感を生じさせるようなまぶしさのことをいう。

25 三角スケールとは、主として、展示会作業などで実測するときに使用する物差しをいう。

26 商品の正面を見せて陳列する方法を、ショルダーアウト又はスリーブアウトという。

27 下図は、ピンワーク手法の一つの「アンビエ」である。

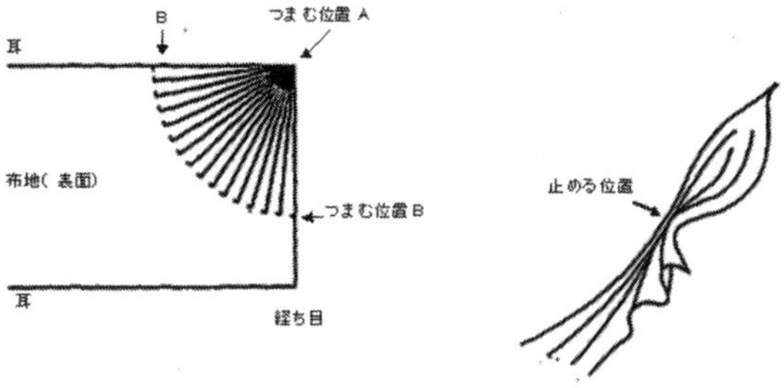

28 下図の観葉植物で、ゴールドクレストは②である。

29 著作権とは知的財産権の一つで、文学、学術、美術、音楽、プログラムなど知的創造活動によって生み出された技術やアイデアなど形のないものを、創作した人の財産として保護する権利である。

30 商業施設における避難誘導の動線計画の作成は、消防法関係法令で義務づけられている。

解答

〈真偽法〉

番号	1	2	3	4	5
解答	○	○	×	○	×

番号	6	7	8	9	10
解答	○	○	○	○	×

番号	11	12	13	14	15
解答	×	×	○	×	×

番号	16	17	18	19	20
解答	○	×	×	○	×

番号	21	22	23	24	25
解答	×	○	×	○	×

番号	26	27	28	29	30
解答	×	○	×	○	○

平成29年度 3級学科【問題のポイント解説】

問題3 平成27年度問題のポイント解説【問題2】参照。

問題5 文章はマーチャンダイジングのこと。プロモーションとは、広義では消費者の購買意欲を喚起するための宣伝活動全般をいい、狭義では販売促進、販売施策という意味で使われます。

問題10 ポップアップストアとは期間限定で出店する仮店舗のこと。空き店舗や、駅や公共施設などのオープンスペースに突然出店し、突然消えてしまうことから「ポップアップ」と表現されます。

問題11 三六（さぶろく）とは、3尺（約900mm）×3尺（約1800mm）の大きさの定尺物の略称。ベニヤ、合板などの建築資材の規格寸法に使われます。4尺（約1200mm）×8尺（約2400mm）の大きさのものは、四八といいます。

問題12 平成27年度問題のポイント解説【問題13】参照。

問題14 アブストラクトマネキンは抽象的なマネキン。等身大のリアルなマネキンはリアルマネキンといいます。

問題15 図の器具の名称はライザーといい、商品を見やすい高さまで上げる時に使用します。

問題17 女性の和装の正礼装は既婚者が黒留袖、色留袖、未婚者が大振袖、中振袖である。付け下げ、色無地は略礼装になります。

問題18 文章はライフステージのこと。ライフスタイルは生活習慣や生活様式のことです。

問題20 平成28年度問題のポイント解説【問題23】参照。

問題21 図はセミウインザーの結び方です。

問題23 図のメガネフレームはスクエア型といいます。

問題25 三角スケールとは断面が三角形の棒状で、6種類の異なったスケール（縮尺）の目盛がついた物差し。文章はメジャーまたはスケールのことを指しています。

問題26 ショルダーアウトまたはスリーブアウトとは、ともに商品の側面（肩）を見せて陳列することをいいます。正面を見せて陳列することをフェイスアウトといいます。

問題28 ①はゴールドクレスト、②はユッカエレファンティペス、③はガジュマルです。

中央職業能力開発協会編

平成30年度 技能検定3級 商品装飾展示 学科試験問題

商品装飾展示作業
1. 試験時間　　1時間
2. 問題数　　　30題
3. 注意事項　　省略

●下記の問題をよく読み、正しいと思われるものには○、正しくないと思われるものには×を右側の解答欄の□に記入しなさい。（※問題文中のアンダーライン部分は「問題のポイント解説」参照）

問題　　　　　　　　　　　　　　　　　　　　　　　　　　　　　　　　　　　解答欄

1　ビジュアルマーチャンダイジングは、商品政策（マーチャンダイジング）を、視覚的に表現することで、販売やサービスを促進させる目的をもっている。

2　マーチャンダイズプレゼンテーションとは、商品特性を分かりやすく提示することで、VP、PP、IPはその体系に属する。

3　ポイントオブセールスプレゼンテーションの目的の1つに、顧客を引きつけるマグネット効果がある。

4　アイテムプレゼンテーションとは、一般に、ショーウインドウやディスプレイステージを使って行う演出表現のことである。

5　商品のライフステージには、「導入期」、「最盛期」、「衰退期」、「処分期」の4つのステップがある。

6　セールスプロモーションとは、販売を拡大する手段で、広告、DM、チラシ、POPなどのことをいい、ディスプレイ、イベント、展示会などは含まれない。

7　アイドマの法則とは、注目、興味、欲望、記憶、行動といった顧客の購買に至るまでの心理の変化を表したものをいう。

8　買い回り品とは、消費者の購買頻度が高く、毎日の生活の中で頻繁に購入する商品のことをいう。

9　OEMとは、製造メーカーが他社ブランドの製品を製造することで、家電、自動車、アパレルなどさまざまな企業で利用されている。

10　オムニチャネルとは、実店舗やオンラインストアをはじめとするあらゆる販売チャネルや流通チャネルを統合し、どのような販売チャネルからも顧客が同じ

ように商品を購入できる環境を構築することをいう。

11 デッドスペースとは、店内奥のコーナーや柱の陰などで、人目につきにくく、利用されない無駄な場所のことをいう。

12 傾斜ハンガーラックは、同一デザインのカラーバリエーションを展示するのには、適していない。

13 棚上に、同一品種や同一要素をもつ商品を縦割りで系統づけて陳列することをバーティカルアレンジメントという。

14 スーパーマーケットなどで、一方通行で買い物ができるように、計算し、誘導することをワンウェイコントロールという。

15 動線には、客動線と従業員動線があるが、一般に、従業員動線は長く、客動線は短いほど売上高の増大に結びつくといわれる。

16 下図は、オーニングといい、カンバス地などでできた日除け、雨避けのことであり、建物の窓やベランダ、出入り口などに取り付けて使用される。

17 セーターや靴下など、ニット製品の形に編みたてる成形編のことを、カット・アンド・ソーンという。

18 下図のナプキンのたたみ方は、クラウン又はビショップスマイターという。

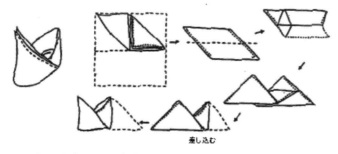

19 下図の柄の名称を、千鳥格子という。

20 重点照明とは、店舗の重要な箇所や、商品のセールスポイントなどを部分的に照らす局部照明をいい、スポットライトなどがこれにあたる。

21 色の三原色は、レッド（R）・グリーン（G）・ブルー（B）の三色を指し、色を混ぜ合わせると明るくなっていくのが特徴である。

22 壁から張り出して取り付ける照明器具を、ブラケットという。

23 ピクトグラム（ピクトグラフ）は、文字や数字を使わずに絵文字、公共用図記号で意味を表示するもので、空港、駅、駐車場、商業施設など公共的な場所で用いられている。

24 下図の袖は、ドルマンスリーブという。

25 ピンを使わずにディスプレイ商品の形を整える時に使い、一般に、シャツクリップと呼ばれているのは、ハである。

　　イ　　ロ　　ハ　　ニ

26 レイダウンとは、吊るして見せる展示技法のことである。

27 下図のラッピング方法は、合わせ包みと呼ばれている。

28 発泡スチロールの接着には、シンナー系の接着剤が適している。

29 アイデア、表現、技術などの実態のない知的創造物は、制作者の利益を保護するために、知的所有権として保護されている。

30 消防法関連法令によれば、商業施設において、移動可能な什器であれば、避難通路に設置できる。

解答
〈真偽法〉

番号	1	2	3	4	5
解答	○	○	○	×	×

番号	6	7	8	9	10
解答	×	○	×	○	○

番号	11	12	13	14	15
解答	○	×	○	○	×

番号	16	17	18	19	20
解答	○	×	○	×	○

番号	21	22	23	24	25
解答	×	○	○	×	○

番号	26	27	28	29	30
解答	×	○	×	○	×

平成30年度 3級学科【問題のポイント解説】

問題4　平成27年度問題のポイント解説【問題3】参照。

問題5　問題文はプロダクトライフサイクルのこと。ライフステージとは、人間の一生を、誕生から入学、卒業、就職、結婚、子供の誕生、独立、退職などの節目といわれる出来事によって区分した各々の段階のことをいいます。

問題6　セールスプロモーションとは、販売を拡大するための手段で、ディスプレイ、イベント、展示会なども含まれます。

問題8　文章は最寄品のことをいい、買い回り品とは、消費者がいくつもの店を見て回り、比較検討して購入する商品のことをいいます。

問題12　傾斜ハンガーラックは、主に商品の正面を向けて陳列する什器なので、同一デザインのカラーバリエーションを展示するのに適しています。。

問題15　平成27年度問題のポイント解説【問題16】参照。

問題17　文章はフルファッショニングのこと。カット・アンド・ソーンとは、ニット生地（ジャージー）を裁断した製品のことをいいます。

問題19　図はグレンチェックです。

問題21　文章は光の三原色。色の三原色とは、シアン（C）、マゼンタ（M）、イエロー（Y）の3色で、混色するごとに色が減算されて暗くなっていくのが特徴です。

問題24　図はラグランスリーブです。

問題26　平成28年度問題のポイント解説【問題26】参照。

問題28　発泡スチロールは、シンナー系の接着剤を使用すると溶けるので接着剤として適していません。

問題30　平成27年度問題のポイント解説【問題30】参照。

中央職業能力開発協会編

平成27年度 技能検定2級 商品装飾展示 学科試験問題

商品装飾展示作業

1. 試験時間　1時間40分
2. 問題数　50題（A群25題、B群25題）
3. 注意事項

（1）係員の指示があるまで、この表紙はあけないでください。
（2）答案用紙（真偽法と多肢択一法の併用）に検定職種名、作業名、級別、受検番号、氏名を必ず記入してください。
（3）係員の指示に従って、問題数を確かめてください。それらに異常がある場合は、黙って手を挙げてください。問題はA群（真偽法）とB群（多肢択一法）とに分かれています。
（4）試験開始の合図で始めてください。
（5）解答の方法（真偽法と多肢択一法の併用）は次のとおりです。
　　イ．A群の問題（真偽法）は、一つ一つの問題の内容が正しいか、誤っているかを判断して解答してください。
　　ロ．B群の問題（多肢択一法）は、正解と思うものを一つだけ選んで、解答してください。二つ以上に解答した場合は誤答となります。
　　ハ．答案用紙（マークシート用紙）へ解答する際は、答案用紙に記載されている注意事項に従ってください。
　　ニ．答案用紙の解答欄は、A群の問題とB群の問題とでは異なります。所定の解答欄に試験問題の題数に応じて解答してください。解答欄はA群は50題まで、B群は25題まで解答できるようになっています。
（6）電子式卓上計算機その他これと同等の機能を有するものは、使用してはいけません。
（7）携帯電話等は、使用してはいけません。
（8）試験中、質問があるときは、黙って手を挙げてください。ただし、試験問題の内容、漢字の読み方等に関する質問にはお答えできません。
（9）試験終了時刻前に解答ができあがった場合は、黙って手を挙げて、係員の指示に従ってください。
（10）試験中に手洗いに立ちたいときは、黙って手を挙げて、係員の指示に従ってください。
（11）試験終了の合図があったら、筆記用具を置き、係員の指示に従ってください。

●下記の問題をよく読み、正しいと思われるものには○、正しくないと思われるものには×を右側の解答欄の ☐ に記入しなさい。（※問題文中のアンダーライン部分は「問題のポイント解説」参照）

A群＜真偽法＞

1　ビジュアルマーチャンダイジングは、顧客の側に立ち、視覚的影響力を重視し、市場における持続的競争力を得るための組織的活動であり、企業理念基づいて行われる。

2　マーチャンダイジングは、顧客に商品提供する総合的な活動のことで、商品開発、販売促進、広告計画などの活動も含む。

3　アイテムプレゼンテーションとは、種目・品目段階で提示された商品の中から特定の商品を選び、商品自体のもつ魅力を強調して見せるディスプレイをいう。

4　消費者向けセールスプロモーションとは、顧客に対して広告やパブリシティーなどを利用して購買意欲を喚起し、顧客が商品を指名し実際の購買に結びつけることを主目的としたプロモーション活動である。

5　POP広告は、購買時点で顧客にアピールする広告で、店頭や店内のポスター、看板、ショーカード、プライスカードなどをいい、特徴はマス広告を補完し、顧客を購買行動に踏み切らせる直接的な刺激となる効果が期待されている。

6　ライフスタイルストアとは、特定の感性や嗜好、価値競に基づいた生活様式によって、デザインや雰囲気に統一感がある生活雑貨や衣料品などで構成された、ライフスタイル提案型の小売業のことである。

7　アウトレットには、メーカーが過剰生産品などを直接販売するファクトリーアウトレットと、小売店が過剰在庫品などを販売するリテールアウトレットの2種類があるが、現在は、これらを集積した大型のアウトレットモールが人気を集めている。

8　ゴンドラはクローズ型の陳列什器であり、対面販売のための基本什器である。

9　商業施設においてファサードは、サイン、ショーウィンドウ、オーニングなどが総合的にデザインされた「店の顔」というべきスペースである。

10　人が立って、見やすく触りやすい商品の陳列位置をゴールデンスペースといい、視覚訴求効果が高く、購買行動に結びつく。

11　動線には、作業動線と客動線があるが、作業動線は長くしてもよいが、客動線は短ければ短いほどよい。

12 売場全体に必要な基本的な明かりを目的にした照明を、タスク照明という。

13 人間の一生を、節目といわれる出来事によって区分したそれぞれの段階のことを、ライフシーンと呼んでいる。

14 ユニバーサルデザインとは、障害の有無、年齢、性別、国籍、人種にかかわらず、多様な人々が気持ちよく使えるように、あらかじめ都市や生活環境などを計画する ことである。

15 同じ面積の2色を比較した場合、明度の高い色は低い色よりも大きく見える。

16 下記のマークは、公益財団法人日本デザイン振興会がグッドデザインに認定した商品に付けるマークであり、50年以上にわたり、暮らしと産業そして社会全体を豊かにする「よいデザイン」の指標となっている。

17 「琳派」は、俵屋宗達による『風神雷神図』に代表される絵画を中心に書や工芸を含む総合性、豊かな装飾性、デザイン性を特徴とし、ヨーロッパの印象派や現代の日本画だけでなくさまざまなデザインにも影響を与えている。

18 ピンの種類は、ピニングの用途・目的・商品の素材などによって使い分けるが、ピンナップの場合には、鉄／ニッケルメッキの5号ピンが、ピンの跡が目立たないため、多く使われる。

19 ディスプレイ構成の一つである三角形構成とリピート構成は、同時に使われることはない。

20 下図の円筒形の箱の包み方で上下の処理は、底になる面を先に、円の中心に向かい均等なヒダを取りながら折り込むときれいに仕上がる。

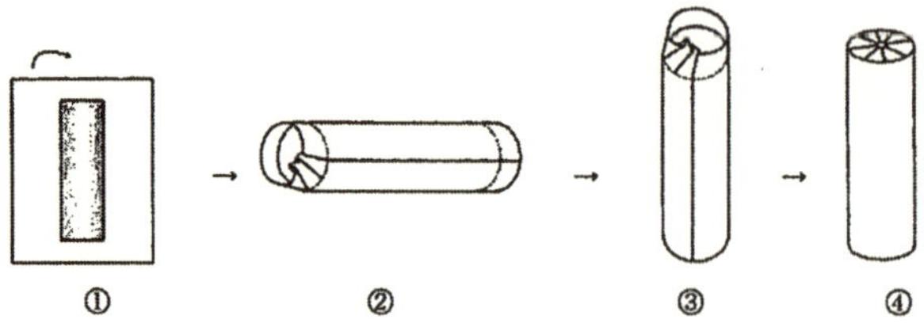

21 レイダウンを行う場合、トルソーは欠かせない展示器具である。

22 アクリル板は、塩化ビニール板よりも透明性に優れている。

23 著作権は、創作物が完成した時点で自動的に発生し、著作者の生存期間及び著作者の死後80年保護される。

24 商業施設において、2m以上の場所で行う高所作業では、作業床を設けるなど安全の面を十分に考慮する必要がある。

25 移動が簡単な什器類は、防火扉の前に設置することができる。

B群＜多肢択一法＞　　　　　　　　　　　　　　　　　　　　　　　　　　　　解答欄

1 ビジュアルマーチャンダイジングに関する記述のうち、誤っているものはどれか。
　イ　企業、店舗の独自性を創造するための活動である。
　ロ　英語圏では、VMと略される。
　ハ　商品計画とは、関係なく行われる場合もある。
　ニ　持続的競争力を得るための活動である。

2 ポイントオブセールスプレゼンテーションに関する記述のうち、誤っているものはどれか。
　イ　PPと略して使われる。
　ロ　陳列だけでは十分に訴求できない商品特性を見せている。
　ハ　壁面上部、什器上部、テーブル上部などで展開される。
　ニ　商品はPPの設置場所に関係なく全ての売場からセレクトし、提示する。

3 アイテムプレゼンテーションに関する記述のうち、誤っているものはどれか。
　イ　売場で占める面積の割合が低い。
　ロ　分かりやすさ及び選びやすさが求められる。
　ハ　分類整理された、商品群のランニングストックである。
　ニ　IPと略して使われる。

4 PRに関する記述のうち、誤っているものはどれか。
　イ　企業や団体が公共との関係をより良くするための活動のことである。
　ロ　店内での限定された販売時点の広告活動のことである。
　ハ　パブリックリレーションの略で、広報活動のことである。
　ニ　活動対象は、顧客や株主、従業員、取引先、行政など幅が広い。

5 パブリシティーに関する記述のうち、誤っているものはどれか。
　イ　広告と同じく、スペース料や時間料などのコストがかかる。
　ロ　企業や団体が、報道関係へ情報素材を提供する広報活動の一環である。

ハ　記事や番組として取り扱われている。
　　ニ　PR活動の一環として、戦略的に扱うことが増えている。

6　文中の（　　）内に当てはまる語句の組み合わせとして、適切なものはどれか。
　　商品のライフサイクルには4つのステップがあり、（　①　）→（　②　）→
　　（　③　）→（　④　）と呼ばれている。

	①	②	③	④
イ	春期	夏期	秋期	冬期
ロ	注意	興味	欲望	行動
ハ	発注	仕入	管理	販売
ニ	導入期	最盛期	衰退期	処分期

7　小売業において、坪効率と呼ばれているものはどれか。
　　イ　坪当たりの売上高
　　ロ　坪当たりの商品量
　　ハ　坪当たりの販売員数
　　ニ　坪当たりの来店客数

8　業態に関する記述のうち、誤っているものはどれか。
　　イ　商品提供の方法や営業方法による区分をいう。
　　ロ　ドラッグストア、フラワーショップ、ファッション店は業態店である。
　　ハ　百貨店、スーパーマーケット、ディスカウントストアは業態区分である。
　　ニ　「何を」ではなく、「どんな売り方」をするかという営業形態を意味する。

9　次の記述のうち、誤っているものはどれか。
　　イ　アウトレットストアは、メーカーや小売業者が、過剰在庫品やサンプル商品などを格安で処分する店舗のことである。
　　ロ　カテゴリーキラーは、1つのブランドや1つのメーカーの商品のみを扱う店舗のことである。
　　ハ　フラッグシップショップは、その企業の代表として位置づける店舗であり、旗艦店ともいう。
　　ニ　オンラインショップは、インターネット上で商品を販売するウェブサイトのことである。

10　文中の（　　）内に当てはまる語句の組み合わせとして、適切なものはどれか。
　　スーパーマーケットは、（　①　）を中心とした品揃えで、セルフサービスを主

としており、その販売形式は（　②　）である。

　　　　　①　　　　　　　②
イ　食料品　　　　キャッシュアンドキャリー方式
ロ　日用品　　　　クイックレスポンス方式
ハ　婦人洋品　　　ネット販売方式
ニ　家庭用品　　　人的販売方式

11　専門店の特徴に関する記述のうち、誤っているものはどれか。
イ　コンサルティング販売を行う。
ロ　特定の顧客を対象とする。
ハ　品揃えの中心は、最寄品である。
ニ　特定分野の品揃えが深い。

12　文中の（　　）内に当てはまる語句として、適切なものはどれか。
ディスプレイの方法のうち、サンプル商品などを訴求するために什器の端で行うディスプレイを（　　）という。
イ　アイランドディスプレイ
ロ　コーナーディスプレイ
ハ　エンドディスプレイ
ニ　ハンギングディスプレイ

13.　下図の器具の名称の組み合わせとして、適切なものはどれか。

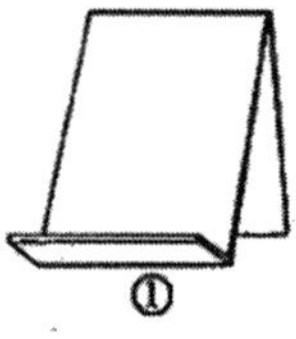

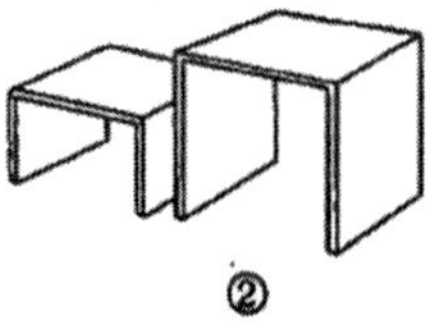

　　　　　①　　　　　　　②
イ　スタンド　　　セパレーター
ロ　スタンド　　　ライザー
ハ　ホルダー　　　セパレーター
ニ　ライザー　　　ホルダー

14　マネキンに関する記述のうち、誤っているものはどれか。
イ　抽象的な顔立ちでヘアのないものを、ヘッドレスマネキンという。
ロ　最も人間に近い見え方をするものは、リアルマネキンである。

ハ　ヘアを彫刻的に表現したものを、スカルプチャーマネキンという。

ニ　ポーズを自由に変えられるのは、可動マネキンである。

15　光の表示単位のうち、誤っているものはどれか。

イ　光度の単位は、cd（カンデラ）で表す。

ロ　照度の単位は、lm（ルーメン）で表す。

ハ　輝度の単位は、cd／㎡（カンデラ／平方メートル）で表す。

ニ　色温度の単位は、k（ケルビン）で表す。

16　カラーマーチャンダイジングに関する記述のうち、誤っているものはどれか。

イ　色展開に的を絞った商品政策のことである。

ロ　テーマカラー展開、多色展開といった方法がある。

ハ　視覚的効果の高い売場になる。

ニ　一貫性のある売場づくりは難しい。

17　デジタルサイネージ（digital signage）について、誤っているものはどれか。

イ　液晶ディスプレイなどの映像表示装置を使って案内梢報や広告を表示する看板やポスターを電子化したものである。

ロ　ネットワークに接続し、外部から情報を配信することができるので、タイムリーに適切な情報を発信することができる。

ハ　店内のVPやPP、IPで使用されることはない。

ニ　双方向通信（インタラクテイプ）を組み込み、その場にいる顧客とやりとりをしたり、年齢、性別などを判別しパーソナルな情報を提供するなど、新たな展開をみせている。

18　次のうち、テーラードカラーはどれか。

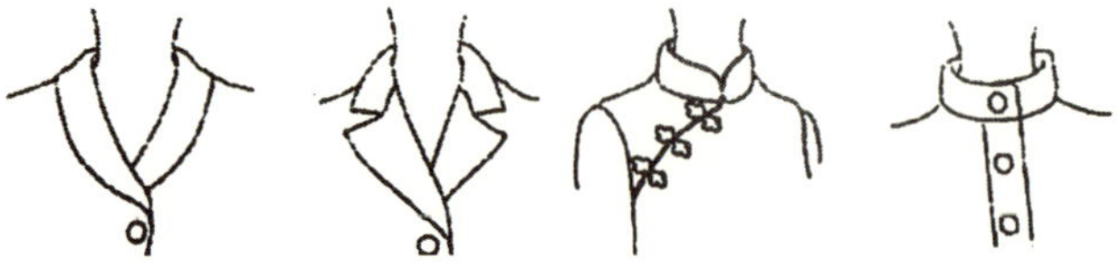

イ　ロ　ハ　ニ

19　下図における風呂敷の包み方の名称として、正しいものはどれか。

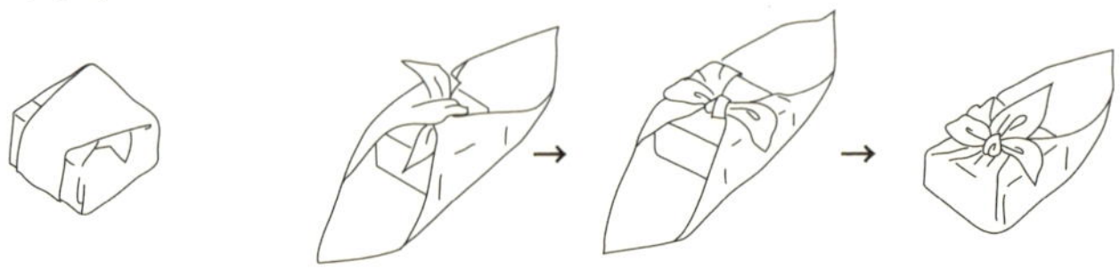

イ　お使い包み　　ロ　平包み　　ハ　交差包み　　ニ　隠し包み

20 アートやデザインに関する記述のうち、誤っているものはどれか。
　イ　ミニマルアートとは、形や色をできるだけ簡素にした造形芸術のことをいう。
　ロ　アールデコとは、20世紀初頭に見られる新芸術運動でくねくねした曲線的な植物の形態装飾が特徴である。
　ハ　トロンプルイユとは、あたかも実在するかのようなテクニックで表現する見せかけ、だまし絵のことである。
　ニ　バロックとは、16世紀後半から18世紀前半にイクリアで生じ、ヨーロッパ中に広がった芸術運動のことである。

21 テグスに関する記述のうち、誤っているものはどれか。
　イ　小道具、POPなどを吊るす時に使用する。
　ロ　スカーフをフライングする時は、7号を使用する。
　ハ　号数が上がるにつれて、太くなる。
　ニ　熱に弱く、伸びやすい。

22 商品装飾展示の方法に関する記述のうち、誤っているものはどれか。
　イ　ドレーピングは、布で美しいひだを作る技法である。
　ロ　フォーミングは、薄葉紙やクラフト紙を内側に用い、商品を意図的に形づける技術をいう。
　ハ　ドゥブルビエは、布の角を持ち、もう一方の手で弧を描くように均一にたたんで「ひだ」を作る技法である。
　ニ　タッキングは、布をいくつかつまみ、半立体的に形づけるピンワークの技術である。

23 普通合板に関する記述のうち、誤っているものはどれか。
　イ　無垢板ではほぼ不可能な幅広の板を作ることができ、同じ大きさであれば無垢材よりも価格が安い。
　ロ　薄くスライスした板を木目が直交するように重ね接着剤で貼り合わせたもので、プライウッドともいい、一般的にはベニヤ板とも呼ばれている。
　ハ　ラワンベニヤは、シナベニヤより、表面の目が細かく、価格が高い。
　ニ　厚さ・サイズが豊富である。

24 製造物責任法（PL法）に関する記述のうち、誤っているものはどれか。
　イ　製造物の欠陥により損害が生じた場合の製造業者等の損害賠償について定めた法規である。

ロ　製造業者とは、製造、加工又は輸入した輸入業者も含まれる。

ハ　製造物とは、「製造又は加工された動産」と定義される。

ニ　損害賠償請求権は、損害及び賠償義務者を知った時から発生し、<u>期間の制限はない。</u>

25　商品装飾展示作業における安全衛生に関する記述のうち、誤っているものはどれか。

イ　建設工事中の建物内で作業する場合、ヘルメットは着用しなくてもよい。

ロ　脚立などを用い高所作業をする場合、留金具などの安全を確認する。

ハ　事故などにおける応急措置及び退避は、常に心がけて作業場に臨む。

ニ　作業場の整理整頓及び清潔の保持は、必須項目である。

解答

A群〈真偽法〉

番号	1	2	3	4	5
解答	○	○	×	○	○

番号	6	7	8	9	10
解答	○	○	×	○	○

番号	11	12	13	14	15
解答	×	×	×	○	○

番号	16	17	18	19	20
解答	○	○	×	×	○

番号	21	22	23	24	25
解答	×	○	×	○	×

B群〈択一法〉

番号	1	2	3	4	5
解答	ハ	ニ	イ	ロ	イ

番号	6	7	8	9	10
解答	ニ	イ	ロ	ロ	イ

番号	11	12	13	14	15
解答	ハ	ハ	ロ	イ	ロ

番号	16	17	18	19	20
解答	ニ	ハ	ロ	ニ	ロ

番号	21	22	23	24	25
解答	ロ	ハ	ハ	ニ	イ

平成27年度　2級学科【問題のポイント解説】

A群＜真偽法＞

問題3　アイテムプレゼンテーションは、アイテムの段階で商品を分類・整理し、見やすく選びやすくする陳列表現のことです。設問はポイントオブセールスプレゼンテーションについての記載です。

問題8　ゴンドラはオープン型の陳列什器で、セルフサービス販売形態のスーパーマーケットや

コンビニエンスストアの基本什器です。

問題11 従業員の動きを表す「作業動線」は、短いほうが無駄な動きが少なく、機能性が高まります。逆に客動線を長くすることで、顧客の店内滞留時間を延長させる効果が期待できます。

問題13 ライフシーンは、食事の場面、家族団欒の場面といったように、生活の中のさまざまな場面を指す言葉です。設問は、ライフステージについての記載です。

問題18 商品装飾展示で使用するピンには、さまざまな種類がありますが、一般的には5号ピン、3号ピン、シルクピンなどを使用することが多く、商品のピンナップにはシルクピンを使用し、5号ピンは演出物などのある程度重さや厚みのあるものを留め付ける場合に使用します。

問題19 横長の棚などで商品を三角形構成で展示し、色違いの商品を同じ三角形構成でリピートする構成は、よく使われる展示方法です。

問題21 レイダウンは、商品をテーブルなどに広げて置く技法です。ボディは、着装感をリアルに表現するために、人体胴部をかたどって作られた器具です。

問題23 著作権は創作物が完成した時点で自動的に発生し、著作者の生存期間及び著作者の死後50年保護されます。

問題25 消防法関連法令で、移動可能なものでも防火扉の前に物を置くことは禁止されています。

B群＜多肢択一法＞

問題1 ビジュアルマーチャンダイジングは、文字どおり商品計画（マーチャンダイジング）の視覚化ですので、商品計画がベースになっています。

問題2 ポイントオブセールスプレゼンテーション（PP）は、その売場やコーナーのアイテムプレゼンテーション（IP）の中から特定の商品をピックアップして、視覚的に表現することです。その売場やコーナーの顔として見出しのような役目も担っています。

問題3 アイテムプレゼンテーション（IP）は、分類・整理された商品群のストック陳列の場（売る場）ですので、売場の中で占める面積の割合が高いのが一般的です。

問題8 ドラッグストア、フラワーショップ、ファッション店などは、取扱商品を主体として分類した業種区分です。

問題9 カテゴリーキラーとは、品揃えを特定のカテゴリー（商品部門・群）に特化し、低価格・大量販売を行う業態のことです。

問題12 アイランドディスプレイ：店舗内の通路で囲まれた独立した展示スペースで、独自の雰囲気を作りやすい利点があります。

コーナーディスプレイ：店舗内の商品を品目ごとに分類した固まりをコーナーといい、

そのコーナーで展開されるディスプレイのことを指します。

ハンギングディスプレイ：掛ける、吊るす、吊り下げるなどの技法を使ったディスプレイのことです。

問題14　ヘッドレスマネキンは頭部のないマネキンのことで、抽象的な顔立ちでヘアのないマネキンはアブストラクトマネキン（抽象マネキン）と呼ばれています。

問題15　照度の単位は、lx（ルクス）で表します。

問題17　デジタルサイネージは、著しい技術の進歩に伴い、VP、PP、IPに組み込み、顧客にタイムリーに適切な情報を伝える手段として注目されています。

問題18　イ　ショールカラー
　　　　ロ　テーラードカラー
　　　　ハ　チャイニーズカラー
　　　　ニ　スタンドカラー

問題20　アールデコは、パリを中心とする1920～30年代の装飾様式。抽象的、幾何学的な形状、模様に特徴があり、大量生産時代の装飾様式としてさまざまな分野に影響を与えました。設問は、アールヌーボーの特徴です。

問題21　テグスは通常、2号、3号、5号などが使用されていることが多いです。スカーフなど軽い商品をフライングする場合は、2号などの細いテグスが使われています。

問題22　設問は、アンビエのことです。ドゥブルビエは、布の耳の1点をもち、その点を中心に半円を描くように、均一にたたんで「ひだ」を作る技法です。

問題23　ラワンベニヤは表面の目が粗くて価格が安く、シナベニヤは目が細かく白っぽくきれいなシナ材を表面に張ってあり価格が高い、という特徴があります。

問題24　製造物責任法（PL法）では、賠償請求権は、原則として損害及び賠償義務者を知った時から3年の消滅時効、または製造物を引き渡した時から10年の排斥期間により消滅すると、定められています。

中央職業能力開発協会編

平成28年度 技能検定2級 商品装飾展示 学科試験問題

商品装飾展示作業
1. 試験時間　1時間40分
2. 問題数　　50題（A群25題、B群25題）
3. 注意事項　省略

●下記の問題をよく読み、正しいと思われるものには○、正しくないと思われるものには×を右側の解答欄の□に記入しなさい。（※問題文中のアンダーライン部分は「問題のポイント解説」参照）

A群＜真偽法＞

1　マーチャンダイズプレゼンテーションは、商品のデザインや素材、サイズなどの情報を分かりやすく提示することであり、ビジュアルマーチャンダイジングの考え方とは異なる。

2　ポイントオブセールスプレゼンテーションには、視覚を引きつけるマグネット効果や商品訴求による購買喚起を促す効果がある。

3　プラノグラムとは、プランとダイヤグラムを組み合わせた造語で、POSデータを基に、陳列組み合わせを計画する棚割管理システムをいう。

4　需要を喚起し販売を拡大するための手段である販売促進は、対象を消費者に絞り込んだものである。

5　カラーマーチャンダイジングとは、売場の床、壁、天井などを統一した色展開で見せることである。

6　小売業における業態とは、顧客に商品を提供する方法による区分で、商品構成、価格ゾーン、販売方法、店舗形態、立地などによる分類方法である。

7　オムニチャネルとは、実店舗やオンラインストアをはじめとする、あらゆる販売チャネルや流通チャネルを統合し、顧客が、いつでも、どこからでも商品を購入できる環境を実現することである。

8　ゴンドラ什器のエンド部分で行われる陳列をカートンディスプレイといい、サンプル陳列やコーディネイト陳列を行うのに適している。

9　スペースや用途に合わせてパーツを選ぶことで、サイズや機能の組み換えができ、棚やハンガーなどの高さを自由に変更できる什器を、システム什器という。

10　下図は、店舗空間におけるストックスペース、ディスプレイスペース及びゴールデンスペースの一般的な高さの範囲を示した図である。

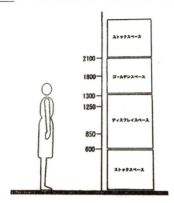

11　店舗において、入口→商品陳列→キャッシャー→出口まで、一方通行で買い物ができるように計画し、顧客を誘導することを、ワンウェイコントロールという。

12　ポップアップストアは、空店舗や駅・公共機関・大型店舗のオープンスペースなどに期間限定で出店する仮店舗のことである。

13　最寄品とは、消費者が自分の好む品質、価格、スタイル等を比較し、選択して買う商品のことである。

14　デジタルサイネージ（digital signage）とは、屋外や店頭・店内などに設置された液晶ディスプレイなどの映像表示装置で、看板やポスターなどを電子化したものである。

15　色温度とは、光源の光色を表す尺度で、単位はケルビンであるが、これが高いと赤っぽく見え、低くなると青っぽく見える。

16　下図の家具や照明器具は、スカンジナビアンスタイルと呼ばれている。

17　補色関係にある２色を隣接させて組み合わせた場合、それぞれの色の彩度がより高くなって見えることを、補色対比という。

18　三角スケールとは、断面が三角形の棒状で６種類の異なったスケール（縮尺）の目盛がついた物差しのことである。

19 縦割り陳列とは、棚什器などに同一品種や同一要素をもつ商品を縦列に陳列する方法である。

20 商品などをピンナップする際、ピンは壁面に対して90度の角度で打つと、最も強度が増し、崩れにくい。

21 下図は、ラッピングの方法のうち、フォーマルギフトの基本になる「合わせ包み」である。

22 木の繊維の方向に対して斜めに切ると生ずる木目は、不規則で文様が装飾的価値をもち、これを柾目という。

23 高齢者、身体障害者等が円滑に利用できる特定建築物の建築の促進に関する法律をバリアフリー新法というが、百貨店などの物販店舗は、特定建築物に含まれない。

24 事業者は、現場作業時のけがや事故、災害に対応できるように、救急処置箱の用意及び非常口などの退避口確認を行う必要がある。

25 商業施設において防火扉の前に大型什器を設置する場合、移動が簡単な可動式什器であっても禁止されている。

B群＜多肢択一法＞

1 ビジュアルマーチャンダイジングに関する記述のうち、誤っているものはどれか。
　イ　企業、店舗の独自性を創造するための活動である。
　ロ　英語圏では、VMと略される。
　ハ　商品政策、商品化計画などを視覚化するマーチャンダイジング活動全般のことである。

ニ　企業理念に基づき、企業、店舗の側に視点を置いた活動である。

2　ビジュアルプレゼンテーションに関する記述のうち、誤っているものはどれか。

　　イ　視覚に訴える商品提示のことで、VPと略して使われている。

　　ロ　シーズン変化、重点商品、テーマなどを演出表現することである。

　　ハ　VMDは、VPの一手法として捉えられている。

　　ニ　一般的な表現場所は、ショーウインドウ、ディスプレイステージ、ディスプレイスペースである。

3　アイテムプレゼンテーションに関する記述のうち、誤っているものはどれか。

　　イ　分類された商品群のストック陳列である。

　　ロ　主にショーウィンドウで展開する。

　　ハ　分かりやすさ、選びやすさが求められる。

　　ニ　IPと略して使われる。

4　PRに関する記述のうち、誤っているものはどれか。

　　イ　企業や団体が公共との関係をより良くするための活動のことである。

　　ロ　購買時点の広告活動のことである。

　　ハ　パブリックリレーションの略で、広報活動のことである。

　　ニ　活動対象は、顧客や株主、従業員、取引業者、行政等、企業や団体を取り巻くすべてとなる。

5　販売計画のうち、関連性のある商品を集積し組み合わせて提案することで、客単価の向上を図るものはどれか。

　　イ　クロスマーチャンダイジング

　　ロ　アウトストアプロモーション

　　ハ　マーケティングミックス

　　ニ　セルフセレクション

6　販売計画は売上目標を設定しそれを達成するための計画であるが、その内容として誤っているものはどれか。

　　イ　売上予算を策定する。

　　ロ　販売目標を設定する。

　　ハ　資金計画を策定する。

　　ニ　売上目標達成のための実施計画を策定する。

7　文中の(　　)内に当てはまる語句の組み合わせとして、最も適切なものはどれか。
ブランドとは、事業戦略上、商品の差別化を図るために、一定の商品群に付ける名称で、(　①　)のことである。ブランドを定着させるためには、認知度を上げるとともに、消費者の記憶に価値あるものとして残るような(　②　)を作ることが必要である。

　　　　　(　①　)　　　　(　②　)
イ　銘柄、商標　　　　ブランドイメージ
ロ　銘柄、商標　　　　商品イメージ
ハ　店名、商品名　　　ストアイメージ
ニ　店名、商品名　　　広告イメージ

8　文中の(　　)内に当てはまる語句の組み合わせとして、最も適切なものはどれか。
ファストファッションとは、最新の流行を採り入れながら低価格に抑えた衣料品を(　①　)で(　②　)し、販売するファッションブランドやその業態のことである。

　　　　　(　①　)　　　　(　②　)
イ　標準サイクル　　　少量生産
ロ　短サイクル　　　　大量生産
ハ　長サイクル　　　　大量生産
ニ　標準サイクル　　　大量生産

9　文中の(　　)内に当てはまる語句の組み合わせとして、最も適切なものはどれか。
ブランドのうち、全国的なマーケットを狙い、販売促進や広告宣伝で販路の拡大を行うブランドを(　①　)、百貨店やチェーンストアなどの小売企業が独自に企画開発した自店の商標を付けたブランドを(　②　)という。

　　　　　(　①　)　　　　　　(　②　)
イ　スーパーブランド　　　キャラクターブランド
ロ　ナショナルブランド　　プライベートブランド
ハ　イメージブランド　　　ブランドロイヤリティ
ニ　メインブランド　　　　ショップブランド

10　文中の(　　)内に当てはまる語句として、適切なものはどれか。
ショッピングセンターとは、一つの単位で計画、開発、所有、管理運営される商業・サービス施設の集合体で、(　　　)を備えるものをいう。

イ　駐車場

　　ロ　クリニック

　　ハ　銀行ATM

　　ニ　保育所

11　次の記述のうち、誤っているものはどれか。

　　イ　セレクトショップは、メーカーにこだわらず、経営者やバイヤーの独自のセンスで選び抜いた商品を売る品揃え型専門店である。

　　ロ　ライフスタイルショップは、特定の生活様式をコンセプトとして品揃えした生活提案型の専門店である。

　　ハ　アイテムショップは、特定の品目に絞り、さまざまなバリエーションの品揃えをした専門店である。

　　ニ　<u>アンテナショップ</u>は、メーカーが企画開発し、全国的な規模で展開している小売店舗である。

12　アイランドディスプレイに関する記述のうち、誤っているものはどれか。

　　イ　周囲を回遊できる。

　　ロ　四方から見ることができ注目度が高い。

　　ハ　独立した雰囲気が作りにくい。

　　ニ　フロアのメインディスプレイとして使われる。

13　商品陳列に関する記述のうち、誤っているものはどれか。

　　イ　商品陳列上、最も見やすく手に取りやすい高さの空間域を、ゴールデンスペースという。

　　ロ　同一品種や同一テイストの商品を、什器の横方向に陳列する方法を横割り陳列（ホリゾンタル陳列）という。

　　ハ　陳列什器の前に専用の器具や台を置き陳列することを、突き出し陳列という。

　　ニ　<u>棚割り</u>とは、陳列什器などに商品数量をいかに多く収めるかといった多量陳列技術のことである。

14　店舗照明計画に関する記述のうち、誤っているものはどれか。

　　イ　店舗の照明は、店舗の存在を明らかにするため、色温度や照明器具のデザインなどを検討する。

　　ロ　レジ周辺は、効率的に作業ができる明るさを保つ。

　　ハ　<u>壁面及び陳列棚の明るさは、店内全般の平均照度よりも落とす。</u>

ニ　階段部分は、足元を明るく安全にするとともに、顧客の誘導効果を考えた照明方法を選択する。

15　演出器具の1つであるボディに関する記述のうち、誤っているものはどれか。

　イ　人間の体型に合わせて作られた器具で、着装感が表現できる。

　ロ　年齢やテイストが限定される。

　ハ　FRPやウレタンの布貼り、藤、金物などさまざまな素材で作られている。

　ニ　トルソともいい、人体胴部のことである。

16　次の商品のライフサイクルに関する記述のうち、誤っているものはどれか。

　イ　導入期とは、小売店頭などを通じて市場に出始めた時期である。

　ロ　成長期とは、認知度が高まり、販売量が拡大していく時期である。

　ハ　成熟期とは、販売競争が激化し、新規参入者が多くなる時期である。

　ニ　衰退期とは、他の商品に市場が奪われ、販売量が大きく減少していく時期である。

17　次のうち、七宝文様はどれか。

18　次のうち、クラッチバッグはどれか。

19　テーブルクロスに関する記述のうち、誤っているものはどれか。

　イ　白色が最もカジュアルで、色が濃くなるほどフォーマルになる。

　ロ　テーブルクロスの下に用いるアンダークロスは、カトラリーや食器を置くときの衝撃を和らげ、音を吸収する役割がある。

　ハ　テーブルから30～50cmぐらい下げてかけるが、一般的に狭い部屋の場合は短目にする。

　ニ　麻、綿、ポリエステル混紡などが使われるが、糸が細く薄手なものほどフォーマルになる。

20　文中の（　　）内に当てはまる語句として、正しいものはどれか。

色相、明度、彩度、トーンに差が少ない、あいまいで一色に見えるような微妙な色同士の濃淡による配色を、（　　　）という。

イ　ドミナントトーン配色

ロ　トリコロール配色

ハ　カマイユ配色

ニ　フォカマイユ配色

21　文中の（　　　）内に当てはまる語句として、正しいものはどれか。

商品の中に紙などの芯材を入れて形作ることをパディングというが、薄手のブラウスや子供服などで、フワッとしたラインを作る場合は、（　　　）を使用するとよい。

イ　トレーシングペーパー

ロ　薄葉紙

ハ　キャンソン紙

ニ　ダンボール紙

22　商品展示の構成方法として、最も安定感のあるものはどれか。

イ　曲線構成

ロ　アシンメトリー構成

ハ　三角形構成

ニ　リピート構成

23　下図のリボンの掛け方は、どれか。

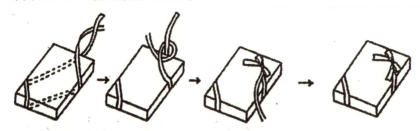

イ　斜め掛け

ロ　十字掛け

ハ　V字掛け

ニ　一本掛け

24　著作権に関する記述について、誤っているものはどれか。

イ　著作者に著作権や著作者人格権という権利を付与することにより、その利

益を保護する法律である。
　ロ　実名の著作物の著作権保護期間は、没後50年である。
　ハ　著作物の対象は、小説、音楽、絵画、地図、映画写真、プログラムなどのほか、二次的著作物や編集著作物、データベースなど広範囲に及ぶ。
　ニ　著作権は、登録した時点でその権利が発生する。

25　建築途中の建物内での作業開始時における確認事項として、誤っているものはどれか。
　イ　必要な作業届の提出
　ロ　高所作業者のみヘルメットの着用
　ハ　退避口の確認
　ニ　事前の用具、材料の点検

解答

A群〈真偽法〉

番号	1	2	3	4	5
解答	×	○	○	×	×

番号	6	7	8	9	10
解答	○	○	×	○	×

番号	11	12	13	14	15
解答	○	○	×	○	×

番号	16	17	18	19	20
解答	○	○	○	○	×

番号	21	22	23	24	25
解答	×	×	×	○	○

B群〈択一法〉

番号	1	2	3	4	5
解答	ニ	ハ	ロ	ロ	イ

番号	6	7	8	9	10
解答	ハ	イ	ロ	ロ	イ

番号	11	12	13	14	15
解答	ニ	ハ	ニ	ハ	ロ

番号	16	17	18	19	20
解答	ハ	ニ	ニ	イ	ハ

番号	21	22	23	24	25
解答	ロ	ハ	イ	ニ	ロ

平成28年度 2級学科【問題のポイント解説】

A群＜真偽法＞

問題1　ビジュアルマーチャンダイジングの考え方に基づき、マーチャンダイジングを的確に視覚伝達することを、マーチャンダイズプレゼンテーション（MP）といいます。

問題4　販売促進は、消費者に向けたプロモーション以外に、系列販売店向けプロモーション、従業員向けプロモーションなどがあります。

問題 5　カラーマーチャンダイジングとは、売場での色展開に的を絞った商品政策のことをいいます。

問題 8　ゴンドラ什器はオープン型の陳列什器で、側面の部分をゴンドラエンドといい、サンプル陳列やコーディネイト陳列などを行うのに適しています。一方、カートンとは、最小取引単位の商品を収めた箱のことで、カートンのまま売場に陳列し、販売促進効果と効率化を狙うディスプレイをカートンディスプレイといいます。

問題 10　ゴールデンスペースとは、最も見やすく、手に取りやすい高さの空間域のことで、一般的に床高約600〜1300mm、または850〜1250mmなど、店舗形態や商品によって幅があります。設問の図は、ゴールデンスペースとディスプレイスペースが、反対です。

問題 13　最寄品は、消費者が毎日の生活で頻繁に購入する商品のことです。問題文は買い回り品です。

問題 15　色温度が高いと青っぽく見え、低いと赤っぽく見えます。

問題 16　20世紀初頭の北欧で生まれた家具・インテリアの様式をスカンジナビアンスタイルといいます。スローライフを意識し、自然の素材を生かした落ち着きのある清潔感あふれる、シンプルで機能的なデザインが特徴です。図は左から、ポール・ヘニングセン「PH5」、ヤルネ・ヤコブセン「セブンチェア」、ハンス・J・ヴェグナー「Yチェア」。

問題 20　壁面に対して約45度の角度でピンを打つと、入りやすく、強度が増し崩れにくいです。

問題 21　設問の文及び図は「斜め包み」です。「合わせ包み」は「キャラメル包み」とも呼ばれ、サイドをたたんでいくだけの失敗の少ない包み方で、少量の紙で包め、大きな箱を包むのに適しています。

問題 22　設問の文及び図は、板目のことです。柾目（まさめ）は、幹の中心を通り、木の繊維の方向に沿って切ると生じる、縦にまっすぐに通った規則的な木目です。

問題 23　バリアフリー新法の特定建築物には病院、劇場、ホテルなどとともに、「百貨店、マーケットその他の物品販売業を営む店舗」も含まれています。

B群＜多肢択一法＞

問題 1　ビジュアルマーチャンダイジングは、顧客の立場に立って、マーチャンダイジングを視覚伝達することにより、見やすく、選びやすく、買いやすい快適な売場環境を提供する仕組みと方法のことです。

問題 5　アウトストアプロモーションは、店外でのプロモーション活動。マーケティングミックスは、マーケティング目標を効果的に達成するための戦略・手段の組み合わせ。セルフ

　　　　セレクションは、お客さまが自分で自由に商品を選択すること。
問題 11　アンテナショップは、メーカーや小売店などが、経営や商品企画に必要な消費動向や地域特性などの情報を収集したり、新製品のテスト販売を行ったりするための店舗です。情報の受発信という意味でアンテナショップといい、パイロットショップともいわれています。
問題 13　棚割りは、商品計画などに基づいて陳列スペースに、何を、どこに、どのように、どれだけ陳列するかを決めることです。「棚割り計画」や「棚割り図」のことを、プラノグラムといいます。
問題 14　一般的に、壁面、陳列棚は店内全般の平均照度の 1.5 ～ 2 倍必要とされています。
問題 16　販売競争が激化し、新規参入者が多くなるのは成長期の特徴。成熟期は、商品の販売の伸びが次第に鈍り、低下傾向が出始める時期です。
問題 17　イ　紗綾形文様（さやがた）
　　　　ロ　松皮菱文様（まつかわびし）
　　　　ハ　青海波文様（せいがいは）
　　　　ニ　七宝文様（しっぽう）
問題 18　イ　ポシェット
　　　　ロ　巾着型バッグ
　　　　ハ　ショルダーバッグ
　　　　ニ　クラッチバッグ
問題 19　テーブルクロスは、白色が最もフォーマルです。一般的には、色が濃くなるほどカジュアルになる傾向にあります。
問題 20　ドミナントトーン配色：トーンを揃え、色相の変化をもたせる配色。
　　　　トリコロール配色：フランス国旗のような 3 色による配色。
　　　　フォカマイユ配色：カマイユ配色の濃淡を少しはっきりさせた配色。
問題 23　リボンの掛け方の十字掛け、V 字掛け（たすき掛け、三角掛け）、一本掛けは、本書の実技編、『VMD 用語事典』を参照。
問題 24　著作権は、著作物を創作した時点で自動的に権利が発生します。著作権法第 17 条第 2 項「著作者人格権及び著作権の享有（きょうゆう）には、いかなる方式の履行をも要しない」。
問題 25　建設工事中の建物で作業する場合は、いかなる場合もヘルメット着用が義務づけられています。労働安全衛生規則第 194 条の 7「保護帽の着用」。

中央職業能力開発協会編

平成29年度 技能検定2級 商品装飾展示 学科試験問題

商品装飾展示作業
1．試験時間　1時間40分
2．問題数　　50題（A群25題、B群25題）
3．注意事項　省略

●下記の問題をよく読み、正しいと思われるものには○、正しくないと思われるものには×を右側の解答欄の□に記入しなさい。（※問題文中のアンダーライン部分は「問題のポイント解説」参照）

A群＜真偽法＞

1　ビジュアルマーチャンダイジングは、顧客の側に立ち、視覚的影響力を重視し、市場における持続的競争力を得るための組織的活動であり、企業理念に基づいて行われる。

2　マーチャンダイズプレゼンテーションは、商品のデザインや素材、サイズなどの情報を分かりやすく提示することであり、ビジュアルマーチャンダイジングの考え方とは異なる。

3　品揃えの中から特定商品を選び出し、強調して見せる方法をアイテムプレゼンテーションという。

4　来店した客に対して、店内で行われる売場演出や接客、催事などの販売促進を、インストアプロモーションという。

5　ブランドロイヤルティーとは、特定のブランドに対して、消費者が強い信頼と選好態度を持つことであり、知名度、使用頻度、使用期間、時代性などによって判断される。

6　業種とは、顧客に商品を提供する方法による区分で、商品構成、価格ゾーン、販売方法、店舗形態、立地などによる小売業の分類方法である。

7　ショッピングセンターとは、計画的に専門店を集積したものであり、一般に、百貨店及び総合スーパーマーケットのような大型店は含まれない。

8　傾斜ハンガーラックは、商品を大量に陳列できる機能をもっているため、商品の豊富さの魅力を表現するのに適している。

9　商品回転串とは、一定期間に新旧の在庫商品が入れ替わった回数をみる商品管

理計数をいい、計算式は「商品回転率＝売上高÷平均在庫高」で求める。

10　下図は、全てプロップスと呼ばれる販売空間演出用具類に含まれる。

11　売場全体に必要な基本的な明かりを目的にした照明を、タスク照明という。

12　フラッグシップショップとは、企業の代表的店舗として位置づけ、最も適切と考えられるMD、環境、VMD、サービスなどを提供する店舗のことである。

13　顧客の購買に至る心理移行の過程を表す法則として、アイドマの法則とアイドカの法則があるが、注目、興味、欲望、確信、行動といった心理過程を表したのは、アイドマの法則である。

14　ノルディックセーターとは、ジャガードセーターの一種で、胸の周囲に編み出された雪の結晶や樅の木、ダイヤやクロスなどの柄を特徴としており、北欧が発祥である。

15　ピクトグラフ(ピクトグラム)とは、活字や手書き文字、デジタルフォトなどの文字表現全体を設計することである。

16　色温度とは、光源の光色を表す尺度で、単位はケルビンであるが、これが高いと青っぽく見え、低くなると赤みを感じる色に見える。

17　色相やトーンの近い配色をフォカマイユ配色といい、それよりも色相・トーンともに差をつけた配色をカマイユ配色という。

18　商品や軽い演出物を吊る際などに使うテグスは、号数が大きくなるほど太くなる。

19　商品などをピンナップする際、ピンは打つ面に対して45度の角度で打つと、最も強度が増し、ピンナップが崩れにくい。

20　商品の形を整えるために薄紫紙やクラフト紙などを使用し詰め物をすること、あるいはその詰め物のことをパディングという。

21　ナプキンのたたみ方で、下図の手順はファンである。

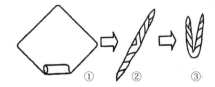

22　エコ素材とは、再生産がしやすく、使用後も環境に比較的負担をかけずに処分・分解される生物由来の有機性資源を指す。

23　著作権は、特許権、意匠権、商標権などとは異なり登録する必要はなく、創作物が完成した時点で自動的に発生し、著作者の生存期間及び著作者の死後50年保護される。

24　消防法関係法令における消防の設備は、消火設備、警報設備、避難設備からなり、消火設備には水バケツも含まれる。

25　高さが2m以上の箇所での高所作業では、安全の面を十分に考慮する必要があるが、ヘルメットの着用は義務づけられていない。

B群＜多肢択一法＞　　　　　　　　　　　　　　　　　　　　　　　　　解答欄

1　マーチャンダイズプレゼンテーションに関する記述として、誤っているものはどれか。
　　イ　VMDと同義語である。
　　ロ　商品を見やすく、分かりやすく、選びやすく、魅力的に表現することをいう。
　　ハ　MPと略して使われている。
　　ニ　商品プレゼンテーションのことである。

2　ビジュアルプレゼンテーションに関する記述として、誤っているものはどれか。
　　イ　視覚に訴える商品提示のことで、VPと略して使われている。
　　ロ　シーズン変化、重点商品、テーマなどを演出表現することである。
　　ハ　VMDは、ビジュアルプレゼンテーションの一手法として捉えられている。
　　ニ　広義には、ディスプレイとほぼ同義語として用いられる。

3　ポイントオブセールスプレゼンテーションに関する記述のうち、誤っているものはどれか。
　　イ　PPと略して使われる。
　　ロ　陳列だけでは十分に訴求できない商品特性を見せている。
　　ハ　壁面上部、什器上部、テーブル上部などで展開される。
　　ニ　商品はPPの設置場所に関係なく全ての売場からセレクトし、提示する。

4　パブリシティーに関する記述として、誤っているものはどれか。
　　イ　企業や団体が、報道関係へ情報素材を提供する広報活動の一環である。
　　ロ　掲載などの取り扱いや編集権は、情報提供者側にある。

ハ　PR活動の一環として、戦略的に扱うところが増えている。

　　ニ　記事や番組として取り扱われる。

5　PRに関する記述のうち、誤っているものはどれか。

　　イ　企業や団体が、公共との関係をより良くするための活動のことである。

　　ロ　店内での限定された販売時点の広告活動のことである。

　　ハ　パブリックリレーションの略で、広報活動のことである。

　　ニ　活動対象は、顧客や株主、従業員、取引先、行政など幅が広い。

6　コンサルティングセールスに関する記述のうち、誤っているものはどれか。

　　イ　対面販売に適した販売方法

　　ロ　顧客が自由に気軽に商品を購入できる販売方法

　　ハ　販売員が顧客に情報や知織を提供しながら行う販売方法

　　ニ　固定顧客の獲得に効果的な販売方法

7　小売業において、坪効率と呼ばれているものはどれか。

　　イ　坪当たりの売上高

　　ロ　坪当たりの商品量

　　ハ　坪当たりの販売員数

　　ニ　坪当たりの来店客数

8　消費者ニーズや店のこだわりのある特定の品目に絞り、集約した品揃えで展開している小売店舗は、次のうちどれか。

　　イ　オンリーショップ

　　ロ　オフプライスストア

　　ハ　アイテムショップ

　　ニ　ライフスタイルショップ

9　セレクトショップの記述として、最も適切なものはどれか。

　　イ　メーカーなどが、その経営や商品企画に必要な情報を収集したり、新製品のテスト販売を行ったりするための小売店舗

　　ロ　会員型の倉庫型店舗で、ローコストオペレーションを行う店舗

　　ハ　特定の考え方、思想に基づく特徴を打ち出した店舗

　　ニ　バイヤーや経営者のセンスで選び抜いたモノだけを仕入れて売る品揃え型専門店

10　次の記述のうち、誤っているものはどれか。

イ　アウトレットストアは、メーカーや小売業者が、過剰在庫品やサンプル商品などを格安で処分する店舗のことである。
　　ロ　チェーンストアは、単一資本で多数の店舗を直営する小売企業や飲食企業の店舗のことで、全ての店舗が閉じシステムで運営される。
　　ハ　カテゴリーキラーは、一つのブランドや一つのメーカーの商品のみを扱う店舗のことである。
　　ニ　オンラインショップは、インターネット上で商品を販売するウェブサイトのことである。
11　オムニチャネルに関する記述のうち、誤っているものはどれか．
　　イ　インターネットやモバイル端末の普及により、どこからでも買い物ができる環境ができたことで注目されている。
　　ロ　実店舗やオンラインストアをはじめとする全ての販路を統合して顧客に訴かけ、買い物の利便性を最大限に発揮する方法である。
　　ハ　「オムニ」は、「全ての」「あらゆる」という意味である。
　　ニ　ソーシャルメディアとも呼ばれている。
12　天井に関する記述のうち、誤っているものはどれか。
　　イ　主体となっている天井から低くなっている天井を、下がり天井又はつり天井という。
　　ロ　不燃材の使用が義務づけられている場合、軽鉄下地のボード貼りでも、仕上げ材は不燃材でなければならない。
　　ハ　主体となっている天井を、大天井という。
　　ニ　上がり天井とは、スケルトン天井のことをいう
13　下図の器具の名称の組み合わせとして、適切なものはどれか。

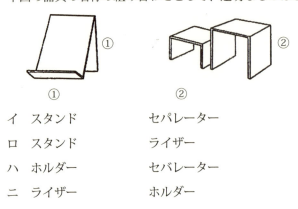

　　　　　①　　　　　　　　②
　　イ　スタンド　　　　　　セパレーター
　　ロ　スタンド　　　　　　ライザー
　　ハ　ホルダー　　　　　　セパレーター
　　ニ　ライザー　　　　　　ホルダー

14 マネキンに関する記述として、誤っているものはどれか。
　　イ　最も人間に近い見え方をするのは、リアルマネキンである。
　　ロ　抽象的な顔立ちでヘアのないものを、ヘッドレスマネキンという。
　　ハ　ヘアを彫刻的に表現したものを、スカルプチャーマネキンという。
　　ニ　ポーズを自由に変えられるのは、可動マネキンである。

15 購買行動に直接関係し、特に短くする必要のない動線はどれか。
　　イ　管理動線
　　ロ　顧客動線
　　ハ　販売員動線
　　ニ　避難動線

16 ライフスタイルに関する記述として、誤っているものはどれか。
　　イ　人生の節目といわれる出来事によって区分した段階のことである。
　　ロ　市場細分化のための分類基準の一つである。
　　ハ　マーチャンダイジングのテーマの一つである。
　　ニ　生活意識、価値観、行動習慣などを捉えていこうとする考え方である。

17 商品分類において、対象客層を実年齢でなく、感覚年齢で行う時に使う用語はどれか。
　　イ　テイスト
　　ロ　センス
　　ハ　マインド
　　ニ　トレンド

18 次のうち、ハウンズツースチェック（千鳥格子）と呼ばれているものはどれか。

　　　イ　　　　　ロ　　　　　ハ　　　　　ニ

19 文中の（　　）内に当てはまる語句として、適切なものはどれか。
　　下図のネクタイの結び方は、幅広でボリュームのある三角形の結び目を特徴とする（　　）である。

イ　ウインザーノット
ロ　セミウインザーノット
ハ　プレーンノット
ニ　ダブルノット

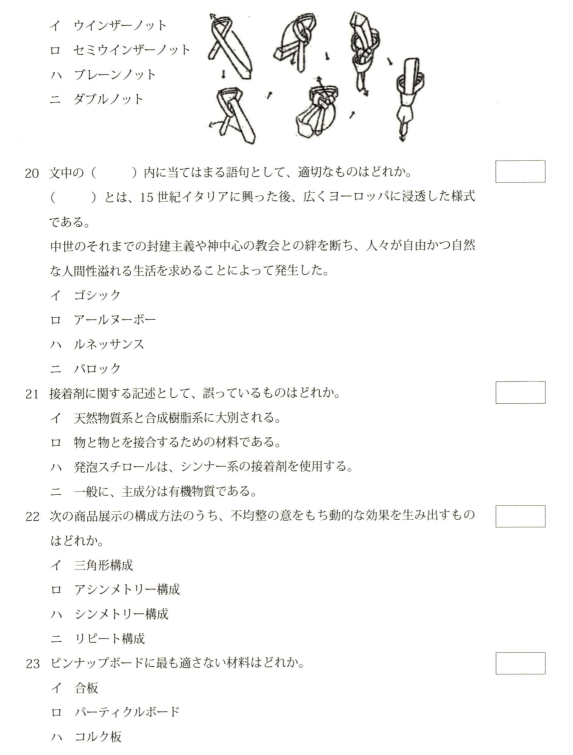

20　文中の（　　）内に当てはまる語句として、適切なものはどれか。

（　　）とは、15世紀イタリアに興った後、広くヨーロッパに浸透した様式である。
中世のそれまでの封建主義や神中心の教会との絆を断ち、人々が自由かつ自然な人間性溢れる生活を求めることによって発生した。

　　イ　ゴシック
　　ロ　アールヌーボー
　　ハ　ルネッサンス
　　ニ　バロック

21　接着剤に関する記述として、誤っているものはどれか。

　　イ　天然物質系と合成樹脂系に大別される。
　　ロ　物と物とを接合するための材料である。
　　ハ　発泡スチロールは、シンナー系の接着剤を使用する。
　　ニ　一般に、主成分は有機物質である。

22　次の商品展示の構成方法のうち、不均整の意をもち動的な効果を生み出すものはどれか。

　　イ　三角形構成
　　ロ　アシンメトリー構成
　　ハ　シンメトリー構成
　　ニ　リピート構成

23　ピンナップボードに最も適さない材料はどれか。

　　イ　合板
　　ロ　パーティクルボード
　　ハ　コルク板

ニ　メラミン化粧板

24　製造物責任法（PL法）に関する記述のうち、誤っているものはどれか。

　　イ　製造物の欠陥により損害が生じた場合の製造業者等の損害賠償について定めた法規である。

　　ロ　製造業者には、製造、加工又は輸入した輸入業者も含まれる。

　　ハ　製造物とは、「製造又は加工された動産」と定義される。

　　ニ　損害賠償請求権は、損害及び賠償義務者を知った時から発生し、期間の制限はない。

25　防炎物品に関する記述のうち、誤っているものはどれか。

　　イ　防炎物品とは、消防法で使用が義務づけられている防炎性能を有する物をいう。

　　ロ　カーテン・布製ブラインドなどは、防炎物品の使用が義務づけられている。

　　ハ　工事用シートは仮設なので、必ずしも防炎物品を使用する必要はない。

　　ニ　防炎物品を販売する際には、対象物への防炎表示が義務づけられている。

解答

A群〈真偽法〉

番号	1	2	3	4	5
解答	○	×	×	○	○

番号	6	7	8	9	10
解答	×	×	×	○	○

番号	11	12	13	14	15
解答	×	○	×	○	×

番号	16	17	18	19	20
解答	○	×	○	○	○

番号	21	22	23	24	25
解答	×	○	○	○	×

B群〈択一法〉

番号	1	2	3	4	5
解答	イ	ハ	ニ	ロ	ロ

番号	6	7	8	9	10
解答	ロ	イ	ハ	ニ	ハ

番号	11	12	13	14	15
解答	ニ	ニ	ロ	ロ	ロ

番号	16	17	18	19	20
解答	イ	ハ	ハ	イ	ハ

番号	21	22	23	24	25
解答	ハ	ロ	ニ	ニ	ハ

平成29年度 2級学科【問題のポイント解説】

A群＜真偽法＞

問題2　マーチャンダイズプレゼンテーションとは、マーケティングの一環としてビジュアルマー

チャンダイジングの考え方に基づき、マーチャンダイジングを的確に視覚伝達することをいいます。

問題3　品揃えの中から特定商品を選び出し、強調して見せる方法は、ポイントオブセールスプレゼンテーションといいます。

問題6　業種とは、生産体系に基づいた商品分類による区分のことをいいます。八百屋や家具屋、化粧品店などの区分がこれにあたります。顧客に商品を提供する方法による区分は、業態といいます。

問題7　ショッピングセンターとは、ディベロッパーが計画的に専門店を集積したものであり、キーテナントを含む場合があります。キーテナントには、百貨店やGMSなどの大型店があります。

問題8　傾斜ハンガーラックは、5点程度の商品をハンギング陳列するための什器です。商品のカラーバリエーションやサイズバリエーション、襟元のデザインのバリエーションなどを表現するのに適しています。

問題11　タスク照明とは、個別の対象物を照らすための照明のことをいいます。空間全体に必要な基本的な明かりを目的にした照明は、アンビエント照明といいます。

問題13　顧客の購買に至る心理移行の過程を表す法則で、注目、興味、欲望、確信、行動の段階に分けるのは、アイドカの法則です。アイドマの法則では、注目、興味、欲望、記憶、行動の5つの段階に分けます。

問題15　ピクトグラフ（ピクトグラム）とは、公共用図記号、絵文字のことをいいます。

問題17　色相やトーンの近い配色をカマイユ配色といい、それよりも色相、トーンともに差をつけた配色をフォカマイユ配色といいます。

問題21　ナプキンのたたみ方で、図の手順はスウェールです。

問題25　高所作業では、常にヘルメットの着用が義務づけられています。

B群＜多肢択一法＞

問題1　マーチャンダイズプレゼンテーションとは、マーケティングの一環としてビジュアルマーチャンダイジングの考え方に基づき、マーチャンダイジングを的確に視覚伝達することをいいます。ビジュアルマーチャンダイジングは、マーチャンダイズプレゼンテーションの上位概念となります。

問題2　ビジュアルプレゼンテーションは、マーチャンダイズプレゼンテーションの表現の1つです。VMDは、マーチャンダイズプレゼンテーションの上位概念となります。

問題3　ポイントオブセールスプレゼンテーションは、その下部や隣接位置にあるアイテムプレゼンテーションの商品をセレクトし、展示を行います。

問題4　パブリシティーは広告とは異なり、企業や団体はスペース料や時間料を支払わない代わりに、掲載などの取り扱いや編集権は報道関係機関側にあります。

問題5　広報活動であるPRは、社会との共生を図り、企業や団体などの社会的認知を促進するため、限定された場所ではなく、広く社会に向けて広報活動を行います。

問題6　コンサルティングセールスとは販売員が顧客に情報や知識を提供しながら行う販売方法であり、顧客が自由に気軽に商品を購入できる販売方法はセルフサービスといいます。

問題9　メーカーなどがその経営や商品企画に必要な情報を収集したり、新製品のテスト販売を行ったりするための小売店舗は、アンテナショップといいます。会員型の倉庫型店舗でローコストオペレーションを行う店舗はホールセールクラブといい、特定の考え方や思想に基づく特徴を打ち出した店舗はコンセプトショップといいます。

問題10　カテゴリーキラーは、品揃えを特定のカテゴリーに特化した、低価格・大量販売の業態をいいます。

問題11　ソーシャルメディアとは、インターネット上で展開される個人による情報発信や個人間のコミュニケーション、人の結びつきを利用した情報流通などといった社会的な要素を含んだメディアのことをいいます。

問題12　上がり天井とは天井の平面の一部を上方へ凹ませた天井のこと、スケルトン天井とは内装などを施さず、建物の躯体のみの状態の天井をいいます。

問題16　人生の節目といわれる出来事によって区分した段階のことは、ライフステージといいます。

問題23　メラミン化粧板はメラミンプラスチック化粧板ともいわれ、堅く傷がつきにくいため、ピンナップボードには適しません。

問題24　製造物責任法（PL法）は、損害賠償請求権は、損害及び賠償義務者を知った時から発生し、損害賠償の対象期間は商品の販売から10年となっています。

問題25　消防庁が設定している防災対象品目の中には工事用シートも含まれています。

中央職業能力開発協会編

平成30年度 技能検定2級 商品装飾展示 学科試験問題

商品装飾展示作業

1．試験時間　1時間40分
2．問題数　　50題（A群25題、B群25題）
3．注意事項　省略

●下記の問題をよく読み、正しいと思われるものには○、正しくないと思われるものには×を右側の解答欄の　　　に記入しなさい。（※問題文中のアンダーライン部分は「問題のポイント解説」参照）

A群＜真偽法＞

1　ビジュアルマーチャンダイジングは、企業が顧客側の立場で視覚的影響力を重視した組織的活動であり、それは企業理念と切り離して捉えるものである。

2　VPの機能は、アイテムの集積であるIPの近くで、小見出し役の魅力的なプレゼンテーションを行い、商品の特徴や機能を明示し、選択のヒントを示して顧客の判断の手助けをすることである。

3　アイテムプレゼンテーションエリアは、購買に直接結びつく場であるだけに商品分類整理や商品陳列の提示方法が大切である。

4　消費者向けセールスプロモーションとは、顧客に対して広告やパブリシティーなどを利用して購買意欲を喚起し、顧客が商品を指名し実際の購買に結びつけることを主目的としたプロモーション活動である。

5　POP広告は、point of purchase advertising の略で、店内では、ハンガーPOP、スタンドPOP、シーリングPOP、ショーカード、プライスカードなど商品と近い場所で情報告知する広告のことを指す。

6　ショールーミングとは、消費者が実店舗で商品を検討し、その場では購入せずに、より低価格で販売するオンラインショップを検索し、購入する消費行動のことをいう。

7　フランチャイズチェーンにおいて、フランチャイザーとは自己資金を投入して本部の開発した事業の方法やノウハウを使用して営業を行う側のことである。

8　ファサードに位置するショーウィンドウは、店舗コンセプトを表現し、通行客を店内に誘導する役割をもつ。

9 ゴンドラ什器のエンド部分で行われる陳列をカートンディスプレイといい、サンプル陳列やコーディネイト陳列を行うのに適している。

10 ポップアップストアとは、空き店舗や駅・公共機関・大型店舗のオープンスペースなどに期間限定で出店する仮店舗のことである。

11 下図は、葉や形が美しく空間演出や観賞用としても用いられる観葉植物のゴールドクレストである。

12 売場を取り巻く周辺環境がよく見えるようにするための均一な照明をアンビエント照明、商品演出や販売行動に支障がないようにする個別の照明をタスク照明といい、この二つを効果的に組み合わせた照明方法がタスクアンビエント照明である。

13 ユニバーサルデザインとは、障害の有無、年齢、性別、国籍、人種にかかわらず、多様な人々が気持ちよく使えるように、あらかじめ都市や生活環境などを計画することである。

14 地球環境や社会貢献などに配慮した商品やサービスを選んで消費する行動を、エシカル消費という。

15 紙や印刷物を切り抜き、貼り合わせて表現する手法を、フロッタージュという。

16 補色関係にある2色を隣接させて組み合わせた場合、それぞれの色の彩度がより高くなって見えることを、補色対比という。

17 下図の靴のヒールは、ウェッジヒールと呼ばれている。

18　商品などをピンナップする際、ピンは壁面に対して90度の角度で打つと、最も強度が増し、崩れにくい。

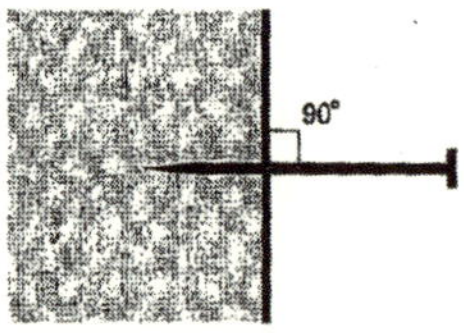

19　下図は、ラッピングの方法のうち、フォーマルギフトの基本になる「合わせ包み」である。

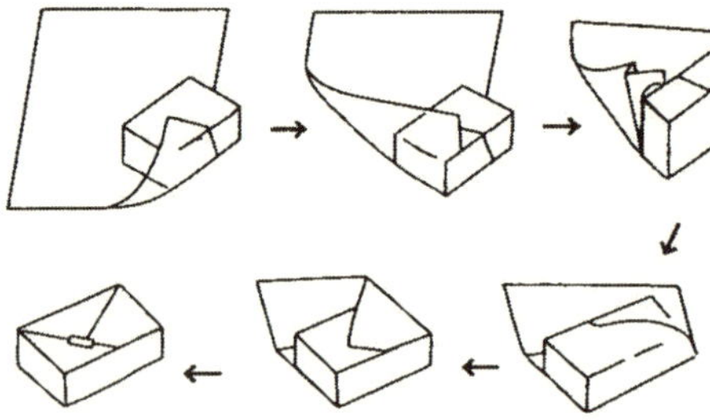

20　三角形構成とリピート構成は、同時に使われることはない。
21　レイダウンを行う場合、トルソーは欠かせない展示器具である。
22　アクリル板は、塩化ビニール板よりも透明性に優れている。
23　製造物責任法（PL法）において、責任を問われる製造業者に、輸入業者は含まれない。
24　日本における著作権保護期間は、原則「著作者の死後50年（映画は公表後70年）」である。
25　防火戸（防火扉）の前に大型什器を設置する場合、移動が簡単な可動式什器であれば許可される。

B群＜多肢択一法＞　　　　　　　　　　　　　　　　　　　　　　　　解答欄

1　文中の（　　）内に当てはまる語句の組み合わせとして、適切なものはどれか。
　　ビジュアルマーチャンダイジングとは、（　①　）や商品化計画を視覚化することであり、販売やサービスを促進するための（　②　）の側に視点を置いた活動である。

　　　　　　（　①　）　　　（　②　）
　イ　販売促進　　　店舗
　ロ　市場調査　　　生産者
　ハ　商品政策　　　顧客

ニ　仕入計画　　　販売担当者
2　ビジュアルプレゼンテーションに関する記述として、誤っているものはどれか。
　　イ　視覚に訴える商品提示のことで、VPと略して使われている。
　　ロ　シーズン変化、重点商品、テーマなどを演出表現することである。
　　ハ　VMDは、VPの一手法として捉えられている。
　　ニ　一般的な表現場所は、ショーウィンドウ、ディスプレイステージ、ディスプレイスペースである。
3　アイテムプレゼンテーションに関する記述として、誤っているものはどれか。
　　イ　売場で占める面積の割合が低い。
　　ロ　分かりやすさ及び選びやすさが求められる。
　　ハ　分類整理された、商品群のランニングストックである。
　　ニ　IPと略して使われる。
4　販売計画のうち、関連性のある商品を集積し組み合わせて提案することで、客単価の向上を図るものはどれか。
　　イ　クロスマーチャンダイジング
　　ロ　アウトストアプロモーション
　　ハ　マーケティングミックス
　　ニ　セルフセレクション
5　商圏調査に関する記述として、誤っているものはどれか。
　　イ　アンケート調査は、直接的に消費者から購買行動についての情報を得る手段である。
　　ロ　来店客調査は、定期的に店頭で調査を行ったり、イベントに合わせて調査を行う手段である。
　　ハ　商圏分析の主な要素には、人口特性、交通事情、産業特性、商環境特性などがある。
　　ニ　地図上の計測による商圏の推計は、既存店舗でよく行われる方法である。
6　文中の（　）内に当てはまる語句の組み合わせとして、最も適切なものはどれか。
　　ブランドとは、事業戦略上、商品の差別化を図るために、一定の商品群に付ける名称で、（　①　）のことである。ブランドを定着させるためには、認知度を上げるとともに、消費者の記憶に価値あるものとして残るような（　②　）を作ることが必要である。

	（ ① ）	（ ② ）
イ	銘柄、商標	ブランドイメージ
ロ	店名、商品名	商品イメージ
ハ	銘柄、商標	ストアイメージ
ニ	店名、商品名	広告イメージ

7 売り上げに関する記述として、誤っているものはどれか。
- イ 売上高は、売上原価と粗利益高に分けられる。
- ロ 売上高に対しての商品原価の合計を売上原価（仕入原価）という。
- ハ 粗利益には、営業活動での諸経費（営業経費）は含まれない。
- ニ 売上原価＝「期首商品在庫高」＋「期中仕入高」－「期末商品在庫高」

8 業態に関する記述として、誤っているものはどれか。
- イ 商品提供の方法や営業方法による区分をいう。
- ロ ドラッグストア、フラワーショップ、ファッション店は、業態店である。
- ハ 百貨店、スーパーマーケット、ディスカウントストアは、業態区分である。
- ニ ライフスタイルショップは、注目の業態の一つである。

9 文中の（　　）内に当てはまる語句の組み合わせとして、適切なものはどれか。
ブランドのうち、全国的なマーケットを狙い、販売促進や広告宣伝で販路の拡大を行うブランドを（ ① ）、百貨店やチェーンストアなどの小売企業が独自に企画開発した自店の商標を付けたブランドを（ ② ）という。

	（ ① ）	（ ② ）
イ	スーパーブランド	キャラクターブランド
ロ	ナショナルブランド	プライベートブランド
ハ	イメージブランド	ブランドロイヤリティ
ニ	メインブランド	ショップブランド

10 次の記述のうち、誤っているものはどれか。
- イ アウトレットストアは、メーカーや小売業者が、過剰在庫品やサンプル商品などを格安で処分する店舗のことである。
- ロ カテゴリーキラーは、一つのブランドや一つのメーカーの商品のみを扱う店舗のことである。
- ハ フラッグシップショップは、その企業の代表として位置づける店舗であり、旗艦店ともいう。

ニ　オンラインショップは、インターネット上で商品を販売するウェブサイトのことである。

11　文中の（　　）内に当てはまる語句の組み合わせとして、適切なものはどれか。
　　顧客が自由に商品を選択することを（　①　）といい、気軽に買い物ができる利点がある。店舗にとっても（　②　）の削減につながる利点がある。

	（ ① ）	（ ② ）
イ	セントラルバイイング	営業経費
ロ	セントラルバイイング	光熱費
ハ	セルフセレクション	物流費
ニ	セルフセレクション	人件費

12　ネストテーブルはどれか。

イ　　　　　ロ　　　　　ハ　　　　　ニ

13　LED照明に関する記述として、誤っているものはどれか。
　　イ　Light（光る）、Emitting（出す）、Diode（ダイオード）の頭文字をとったもので、発光ダイオードとも呼ばれる。
　　ロ　長寿命で消費電力が少ない。
　　ハ　LED照明器具は、高温環境に強い。
　　ニ　紫外線が少ないので、照射物が劣化しにくい。

14　商品陳列に関する記述として、誤っているものはどれか。
　　イ　商品陳列上、最も見やすく手に取りやすい高さの空間域を、ゴールデンスペースという。
　　ロ　同一品種や同一テイストの商品を什器の横方向に陳列する方法を、横割り陳列（ホリゾンタル陳列）という。
　　ハ　陳列什器の前に専用の器具や台を置き陳列することを、突き出し陳列という。
　　ニ　棚割りとは、陳列什器などに商品数量をいかに多く収めるかといった多量陳列技術のことである。

15　器具に関する記述として、誤っているものはどれか。

イ　ライザーは商品を分類し、区分する器具として最適である。
ロ　器具は、商品特性を表現する補助的役割が目的である。
ハ　スタンドは、高さや角度を変えて商品を見やすくするのに最適である。
ニ　器具そのものにデザイン性をもたせたものもある。

16　デジタルサイネージ（digital signage）に関する記述として、誤っているものはどれか。

イ　液晶ディスプレイなどの映像表示装置を使って案内情報や広告を表示する看板やポスターを電子化したものである。
ロ　ネットワークに接続し、外部から情報を配信することができるので、タイムリーに適切な情報を発信することができる。
ハ　店内のVPやPP、IPで使用されることはない。
ニ　双方向通信（インタラクティブ）を組み込み、その場にいる顧客とやりとりをしたり、年齢、性別などを判別しパーソナルな情報を提供するなど、新たな展開をみせている。

17　ライフステージに関する記述として、誤っているものはどれか。

イ　人間の一生を、誕生、入学、就職、結婚などの節目といわれる出来事によって区分した各段階のことである。
ロ　ライフスタイルとほぼ同義語である。
ハ　購買行動に与える影響を考え、学生期、独身期、結婚期、子育て期などと分類し、マーケティングに活用されている。
ニ　団塊世代の大量定年を背景に、会社から解放された定年後の「第二の人生」を「セカンドライフ」として分類するのも、ライフステージの一つといえる。

18　下図のシルエットのうち、プリンセスラインはどれか。

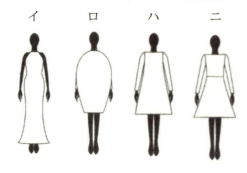

イ　　ロ　　ハ　　ニ

19　二十四節気（にじゅうしせっき）に関する記述として、誤っているものはどれか。

イ　1年を春夏秋冬の4つに分け、さらにそれぞれを6つに分けた季節を表す言葉である。

ロ　「立春」、「夏至」、「秋分」、「冬至」なども二十四節気である。

ハ　四季を楽しむ生活提案のコンテンツとして注目されている。

ニ　明治時代に太陽暦に改められてから、一般に知られるようになった。

20　ポップアートに関する記述として、誤っているものはどれか。

イ　ポピュラーアートの意味である。

ロ　広告、雑誌、映画などがモチーフとして使われている。

ハ　ロンドンで生まれパリで開花したアートである。

ニ　大衆文化と芸術の同化を図るものである。

21　テグスに関する記述として、誤っているものはどれか。

イ　小道具、POPなどを吊るす時に使用する。

ロ　スカーフなどの商品をフライングする場合は5号を使用する。

ハ　号数が上がるにつれて、太くなる。

ニ　熱に弱く、伸びやすい。

22　商品装飾展示の技法に関する記述として、誤っているものはどれか。

イ　ドレーピングは、布で美しいひだを作る技法である。

ロ　フォーミングは、薄葉紙やクラフト紙を商品の内側に用い、商品を形づける技術をいう。

ハ　ドゥブルビエは、布の角をもち、もう一方の手で弧を描くように均一にたたんでひだを作る技法である。

ニ　タッキングは、布をいくつかつまみ、半立体的に形づけるピンワークの技術である。

23　文中の（　　）内に当てはまる語句として、適切なものはどれか。

繊維には、大きく天然繊維と（　　）があるが、そのうちカシミアやモヘアは天然繊維に分類される。

イ　鉱物繊維

ロ　再生繊維

ハ　植物繊維

ニ　化学繊維

24　消防法関係法令に関する記述として、誤っているものはどれか。

イ 通常、消防検査は、事前に期日又は期間を指定され行われる。
ロ カーテン、緞帳、展示用合板などの防炎対象物品は、防炎物品の使用が義務づけられている。
ハ 廊下、階段、避難口、その他の避難上必要な施設について、避難の支障になる物を放置しないよう義務づけられている。
ニ 百貨店や法令で定められた大規模な小売店舗では、<u>防火管理者</u>を定める義務があるが、特に資格は必要ない。

25 建築途中の建物内での作業開始時における確認事項として、誤っているものはどれか。
イ 必要な作業届の提出
ロ 高所作業者のみヘルメットの普用
ハ 退避口の確認
ニ 事前の用具、材料の点検

解答

A群〈真偽法〉

番号	1	2	3	4	5
解答	×	×	○	○	○

番号	6	7	8	9	10
解答	○	×	○	×	○

番号	11	12	13	14	15
解答	×	○	○	○	×

番号	16	17	18	19	20
解答	○	○	×	×	×

番号	21	22	23	24	25
解答	×	○	×	○	×

B群〈択一法〉

番号	1	2	3	4	5
解答	ハ	ハ	イ	イ	ニ

番号	6	7	8	9	10
解答	イ	ハ	ロ	ロ	ロ

番号	11	12	13	14	15
解答	ニ	イ	ハ	ニ	イ

番号	16	17	18	19	20
解答	ハ	ロ	ハ	ニ	ハ

番号	21	22	23	24	25
解答	ロ	ハ	ニ	ニ	ロ

平成30年度 2級学科【問題のポイント解説】

A群＜真偽法＞

問題1　ビジュルマーチャンダイジングの活動の基礎にあるのは、マーチャンダイジングであり、それは企業理念に基づいて決定されます。

問題2　VPは、企業、ブランド、ショップ、フロアなどのコンセプトやイメージ、シーズンテーマ、重点商品などを視覚的に表現し、注目度を高めて顧客を店頭から店内に誘導する機能をもっています。

問題7　フランチャイザーは、加盟店を募集するフランチャイズ本部のことで、設問はフランチャイジーの説明。

問題9　ゴンドラ什器はオープン型の陳列什器で、側面の部分をゴンドラエンドといい、サンプル陳列やコーディネイト陳列などを行うのに適しています。一方、カートンとは最小取引単位の商品を収めた箱のことで、カートンのまま売場に陳列して販売促進効果と効率化を狙うディスプレイをカートンディスプレイといいます。

問題11　設問は、ドラセナワーネッキー。ゴールドクレストは、クリスマスツリーなどにも使用される針葉樹。代表的な観葉植物については、名前と特徴を覚えておきましょう。

問題15　フロッタージュは、木の葉や古い板石などに薄い紙を当てて、鉛筆またはクレヨンで軽くこすり、葉脈や木目を浮き出させる絵画表現の手法。設問は、コラージュ。

問題18　壁面に対して45度の角度で打つと入りやすく強度が増します。段ボールなどの柔らかい素材に打つ場合は、より角度を小さくすることもあります。

問題23　製造物責任法（PL法）では、製造業者だけでなく、輸入販売業者も責任が問われます。

問題25　消防法では、防火扉や避難通路に什器を設置することは、禁止されています。

B群＜多肢択一法＞

問題2　VPは、VMDの一手法として捉えられています。

問題4　アウトストアプロモーションは、店外で行うプロモーション活動。マーケティングミックスは、マーケティング目標を達成するための戦略手段の効果的な組み合わせ。セルフセレクションは、顧客が自由に商品を選択すること。設問は、クロスマーチャンダイジングについて述べています。

問題5　地図上の計測による商圏の推測は、主に新店計画の際に行われます。

問題7　粗利益は、売上高から売上原価のみを引いた数値。

問題 10　カテゴリーキラーは、品揃えを特定のカテゴリー（商品部門、商品群）に特化し、比較的低価格で大量販売する業態です。

問題 12　イはネストテーブル。ロはガラスケース。ハはワゴン。ニはテーブル。

問題 13　長寿命で、消費電力が少なく、紫外線が少ないことから普及している LED 照明ですが、器具自体が高温に弱いので、設置位置などを考慮する必要があります。

問題 15　ライザーは、商品を見やすい高さにする器具。設問は、セパレーター。

問題 18　イはマーメイドライン。ロはバルーンライン。ハはプリンセスライン。ニはフィットアンドフレアーライン。

問題 19　二十四節気は太陰暦の日付と季節を一致させるために考案されたもので、明治5年まで使用された太陰太陽暦の1つ。天保暦もこれを使用していました。

問題 20　ポップアートは 1950 年代半ばにイギリスで誕生し、1960 年代にアメリカ合衆国でロイ・リヒテンシュタインやアンディー・ウォーホルなどの作家が現れて全盛期を迎え、世界的に影響を与えました。

問題 22　設問は、アンビエのこと。ドゥブルビエは布の任意の1点をもち、その点を中心に半円を描くようにひだを均一にたたんでひだを作る技法です。

問題 24　消防法関係法規第八条では、下記の通り定められている。
　　　　「政令で定める資格を有する者のうちから防火管理者を定め、政令で定めるところにより当該防火対象物について消防計画の作成、当該消防計画に基づく消火、通報及び避難の訓練の実施、消防の用に供する設備、消防用水又は消火活動上必要な施設の点検及び整備、火気の使用又は取扱いに関する監督、避難又は防火上必要な構造及び設備の維持管理並びに収容人員の管理その他防火管理上必要な業務を行わせなければならない」。

中央職業能力開発協会編

平成27年度 技能検定1級 商品装飾展示 学科試験問題

商品装飾展示作業

1. 試験時間　　1時間40分
2. 問題数　　　50題（A群25題、B群25題）
3. 注意事項

（1）係員の指示があるまで、この表紙はあけないでください。

（2）答案用紙（真偽法と多肢択一法の併用）に検定職種名、作業名、級別、受検番号、氏名を必ず記入してください。

（3）係員の指示に従って、問題数を確かめてください。それらに異常がある場合は、黙って手を挙げてください。問題はA群（真偽法）とB群（多肢択一法）とに分かれています。

（4）試験開始の合図で始めてください。

（5）解答の方法（真偽法と多肢択一法の併用）は次のとおりです。

　　イ．A群の問題（真偽法）は、一つ一つの問題の内容が正しいか、誤っているかを判断して解答してください。

　　ロ．B群の問題（多肢択一法）は、正解と思うものを一つだけ選んで、解答してください。二つ以上に解答した場合は誤答となります。

　　ハ．答案用紙（マークシート用紙）へ解答する際は、答案用紙に記載されている注意事項に従ってください。

　　ニ．答案用紙の解答欄は、A群の問題とB群の問題とでは異なります。所定の解答欄に試験問題の題数に応じて解答してください。解答欄はA群は50題まで、B群は25題まで解答できるようになっています。

（6）電子式卓上計算機その他これと同等の機能を有するものは、使用してはいけません。

（7）携帯電話等は、使用してはいけません。

（8）試験中、質問があるときは、黙って手を挙げてください。ただし、試験問題の内容、漢字の読み方等に関する質問にはお答えできません。

（9）試験終了時刻前に解答ができあがった場合は、黙って手を挙げて、係員の指示に従ってください。

（10）試験中に手洗いに立ちたいときは、黙って手を挙げて、係員の指示に従ってください。

（11）試験終了の合図があったら、筆記用具を置き、係員の指示に従ってください。

●下記の問題をよく読み、正しいと思われるものには○、正しくないと思われるものには×を右側の解答欄の　　　　に記入しなさい。（※問題文中のアンダーライン部分は「問題のポイント解説」参照）

A群＜真偽法＞　　　　　　　　　　　　　　　　　　　　　　　　　　　　　　　　　　　解答欄

1　マーチャンダイジングとは、今日的なマーケティングの体系に属する活動の一環であり、視覚表現を軸にした商品政策、商品化計画全般をいう。

2　プラノグラムとは、POSシステムによるデータをもとに、フェイシングやレイアウトなどの陳列組み合わせをコンピューター画面上でシミュレーションし決定する棚割り管理システムをいう。

3　販売計画とは、設定された販売目標を達成するための商品や販売方法などの計画をいい、一般的に、1年、半期、四半期、1ヵ月、週単位で作成される。

4　消費動向とは、消費者の購買決定過程を表し、顧客が注意を喚起されてから購買に至るまでのどの段階にあるかを見極め、顧客の状態に応じたマーケティング戦術を考えるための心理プロセスモデルである。

5　オムニチャネルとは、実店舗を含めたあらゆる販売チャネルや流通チャネルを統合すること、及びすべての販売チャネルから同様に商品を購入できる環境を実現することである。

6　一般社団法人日本ショッピングセンター協会は、ショッピングセンターの必要条件として、ディベロッパーにより計画、開発、管理運営される商業及びサービス施設の集合体であると同時に、テナント各自の特性を表現するため、すべての広告宣伝や催事は各テナントが個々の計画によって行う、と定義している。

7　ゴンドラエンドとは、什器の両端スペース部分を示し、その使用目的は、什器内商品をピックアップし強調して訴求したり、シーズン商品の訴求やコーディネイト訴求などで購買を喚起することにある。

8　モーションディスプレイとは、テーマやコンセプトに基づいて一定の期間を定めて行う展示のことをいう。

9　ゾーニングとは、都市計画や建築計画などにおいては、空間を役割や機能によって区分することをいい、売場ではカテゴライズされた商品群ごとの配置領域を区画することをいう。

10　小売店舗における動線は、顧客が移動する経路、軌跡をいう客動線の他に、従業員の動きを示す作業動線、商材の動きの軌跡を表す物流動線がある。

11 消費者行動とは、消費者が商品やサービスを購入する時の選択様式をいい、主として、ブランド選択、購入場所、購入頻度、購入数量、購入方法などの側面から分析する。

12 ライフステージとは、製品が市場に登場してから衰退するまでの各段階をいい、導入期、成長期、成熟期、衰退期に分けられる。

13 下図のワイシャツのパーツの名称のうち、A はシャツテールと呼ばれている。

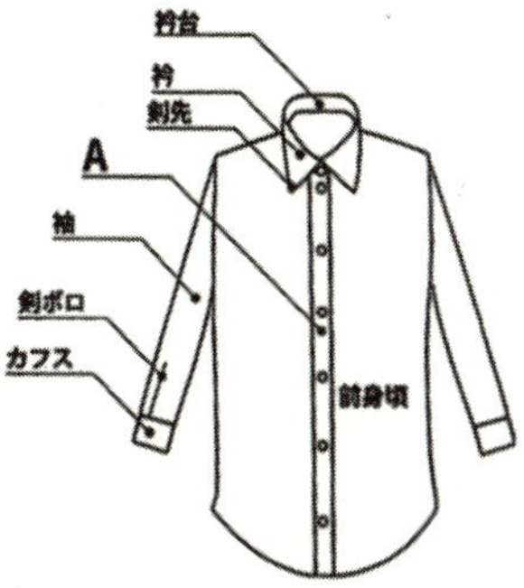

14 LED とは、発光ダイオードのことであり、高輝度で薄型、軽量といった特徴の他に寿命が長く、耐衝撃性や耐候性に優れているため、店舗照明の用途に広がりを見せている。

15 トーンとは、色調のことであり、色の三属性である色相、明度、彩度のうち、明度と色相とを合わせた概念である。

16 下図は、アメリカ合衆国ミズーリー州出身で 20 世紀中頃に活動した建築家でデザイナーのチャールズ・イームズのデザインによる家具である。

17 下図は、立体を斜めから見た図を表示する方法の一つで、等角投影図ともいわれるアイソメ図である。

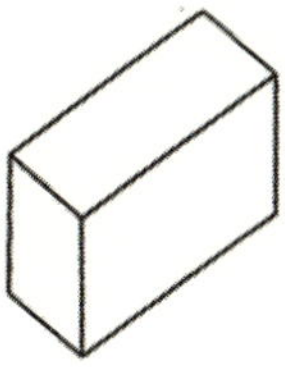

18 風呂敷の包み方で、下図は袱紗(ふくさ)包みとも呼ばれている平包みである。

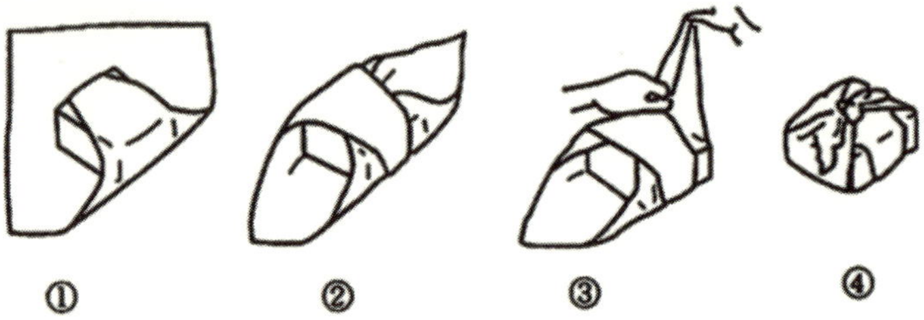

① ② ③ ④

19 ピンワーク技法のうち、下図のテクニックをプリーツという。

20 エコ素材とは、栽培できる植物から作られ、使用後も環境に負担をかけずに処分・分解される化石資源を含めた有機性資源を指す。

21 檀紙(だんし)とは、楮を原料として作られた縮緬状のしわを有する高級和紙のことで厚手で美しい白色が特徴であり、主として包装・文書・表具などに用いられる。

22 1995年に施行された製造物責任法（PL法）は、製造又は加工された動産を対象としている。

23 消防法関係法令では、排煙口は排煙に伴い生ずる気流を閉鎖するおそれのない場合、展示物の設置に関する制約は受けない。

24 大規模小売店舗立地法は、店舗面積が1000m²を超える大規模出店を対象とし、地域住民の意見を反映しつつ、大型店と周辺の生活環境との調和を図っていくための手続等を定めた法律である。

25 建築中の建物へ立入る際、ヘルメット着用が義務づけられているのは、滞在時間が30分以上になる場合である。

B群＜多肢択一法＞　　　　　　　　　　　　　　　　　　　　　　　解答欄

1 VMD用語に関する記述のうち、誤っているものはどれか。
　イ　ビジュアルマーチャンダイジングとは、今日的なマーチャンダイジングにかかわる考え方であり、流通の場で商品をはじめすべての視覚的要素を演出し管理する活動である。

ロ ポイントオブセールスプレゼンテーションとは、商品分類基準に従い、種目・品目段階での商品提示を目的とした陳列表現をいう。

ハ マーチャンダイズプレゼンテーションとは、VMDの考えに基づいた商品展示や陳列をいう。

ニ アイテムプレゼンテーションとは、アイテムの段階で商品を分類・整理し、見やすく選びやすく陳列することをいう。

2 文中の（　　）内に当てはまる語句として、適切なものはどれか。

広告とは、企業など広告主のコミュニケーション活動の一つであり、販促効果を最大にするために販促手段を適切に組み合わせる（　　　）の構成要素の一つでもある。

イ　プロモーションミックス

ロ　アウトソーシング

ハ　クロスマーチャンダイジング

ニ　コア・コンピタンス

3 インストアプロモーションに関する記述のうち、誤っているものはどれか。

イ　インストアプロモーション活動の中に接客販売活動も含まれる。

ロ　店内及び店外における総合的な販売促進活動のことである。

ハ　特売や実演販売等を含めた生産性を向上させるための活動である。

ニ　プレミアムをつけた商品販売もインストアプロモーション活動の一つである。

4 ブランディングに関する記述のうち、誤っているものはどれか。

イ　顧客の視点でブランドに対する共感や信頼などの価値を高めていくための活動を指す。

ロ　マーケティング戦略とは異なるコミュニケーション戦略のことをいう。

ハ　ブランドの概念を具体的に表現するための要素として店舗環境やVMDなどがある。

ニ　短期的な企業戦略ではなく、何十年、何百年といったスパンで行われる長期的で継続的な活動をいう。

5 駅ナカに関する記述のうち、誤っているものはどれか。

イ　日本の鉄道事業者が管轄下にある駅構内に展開する商業スペースの通称である。

ロ　乗降客の駅周辺への流出が止まるなどの問題が指摘されている。

ハ　駅ナカの構成店舗は、飲食店・書店・衣料品店から理容室・保育所など多岐にわたるが、キオスクがあるためコンビニエンスストアの出店はできない。
　　ニ　駅ナカやエキナカ、駅中などと表記されている。

6　ライフスタイルショップに関する記述のうち、誤っているものはどれか。
　　イ　一つの世界観やコンセプトによってセレクトされた品揃えになっている。
　　ロ　ギャラリースペースは、必ず併設されている。
　　ハ　大手企業プロデュースによるものから、個人で経営するショップまでさまざまな規模がある。
　　ニ　洋服、文具、雑誌、植物、フレグランス、アクセサリーなどジャンルを超えた幅広い商品を扱っている。

7　器具の種類と展示方法に関する記述のうち、誤っているものはどれか。
　　イ　イーゼルは、高さや角度をつけて商品を見やすく展示するのに適している。
　　ロ　ライザーは、商品陳列で高さを出し、見やすくする展示に適している。
　　ハ　ホルダーは、商品を重ねて見やすくする展示に適している。
　　ニ　セパレーターは、商品を分類し、見やすくする展示に適している。

8　文中の（　　）内に当てはまる語句として、最も適切なものはどれか。
　　FRと略して表紀されることがあるフィッティングルームは、誰もが快適に過ごせる社会構築の考え方の高まりとともに、（　　）に対応できることが求められている。
　　イ　マーチャンダイジング
　　ロ　メディア
　　ハ　トレンド
　　ニ　バリアフリー

9　照明に関する記述のうち、誤っているものはどれか。
　　イ　色温度は、光源の光色を表す尺度であり、低くなると青みを帯びた光色になる。
　　ロ　光の三原色は、R（赤）、G（緑）、B（青）であり、3色を混色すると白色光となる。
　　ハ　可視光線は、人間が認識できる光の波長であり、虹色に分光することができる。
　　ニ　輝度は、光の強さを表す尺度であり、高すぎるとグレアとなり不快感を起こさせる。

10 文中の（　）内に当てはまる語句として、適切なものはどれか。

下図のナプキンのたたみ方で、フラワーパッドと呼ばれているのは（　）である。

　　イ　　　　ロ　　　　ハ　　　　ニ

11 下図に示すネクタイの結び方はどれか。

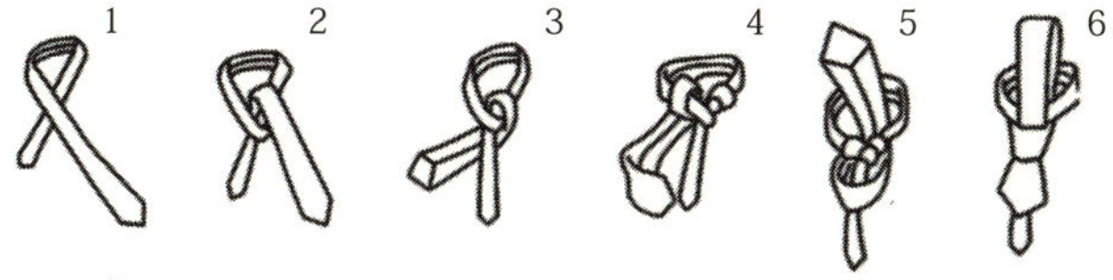

イ　プレーンノット
ロ　セミウインザーノット
ハ　ウインザーノット
ニ　ダブルノット

12 下図に示す和のテーブルセッティングは（　）のセッティングである。

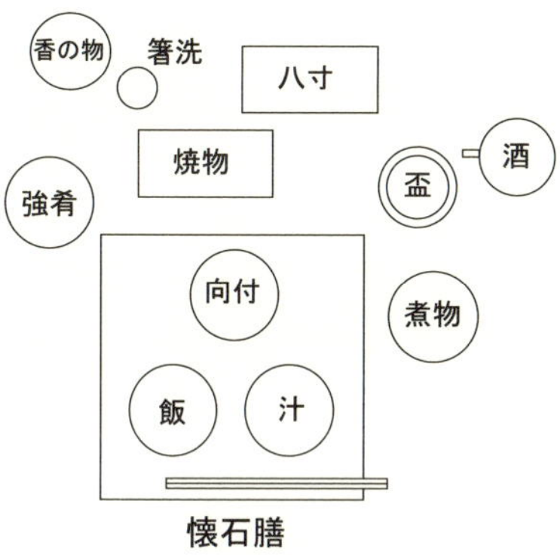

懐石膳

イ　本膳料理　　ロ　精進料理　　ハ　懐石料理　　ニ　会席料理

13 文中の（　）内に当てはまる語句として、適切なものはどれか。

外の風景や大理石模様などを精密な描写で描き、実物そっくりに見せかけた絵を（　）といい、だまし絵という意味をもっている。

イ　コラージュ
ロ　フロッタージュ
ハ　サブリミナル
ニ　トロンプルイユ

14 什器を示す一般記号と意味の組み合わせのうち、誤っているものはどれか。

【一般記号】	【意味】
イ　CT	カウンター
ロ　Sh	ショーケース
ハ　PT	包装台
ニ　Hg	ハンガー

15　観葉植物の写真と説明の組み合わせのうち、誤っているものはどれか。

【観葉植物】

　　イ　　　　　ロ　　　　　ハ　　　　　ニ

【説明】

イ　名前をベンジャミーナといい、茎がねじれていたり、編みこまれている形のものが一般的である。

ロ　名前をホンコンカポックといい、葉は斑入りと斑無しがある。

ハ　名前をアレカヤシといい、亜熱帯原産の植物で原種は10m以上にもなる高木である。

ニ　名前をゴールドクレストといい、針葉樹の代表的な観葉植物である。

16　ギリシャ建築様式の一つであるコリント式の柱頭はどれか。

　　イ　　　　　ロ　　　　　ハ　　　　　ニ

17　平面表示記号と表示事項の組み合わせのうち、誤っているものはどれか。

【表示記号】	【表示事項】
イ	出入り口一般
ロ	シャッター
ハ	片開き窓
ニ	片引き戸

18 接着剤に関する記述のうち、誤っているものはどれか。

イ 天然物質系と合成樹脂系に大別される。

ロ 主成分は、主として有機物質である。

ハ 発泡スチロールの接着には、シンナー系接着剤が適している。

ニ 接着するものによって、接着剤を使い分ける必要がある。

19 下記の布に関する記述のうち、ジョーゼットはどれか。

イ 絹やナイロンやポリウレタンなどの糸を使って作った織物で非常に光沢があり、豪華な雰囲気をもつ。

ロ 非常に薄く、軽く、緩やかに編まれた織物で縮れた表面を特徴とする。

ハ もともとは羊毛でできた目の詰んだ織布で綿織物・毛織物のことで、繊密に織られているため、高い強度をもつ。

ニ 細い木綿糸を目の粗い平織りにした柔かい布で、通気性に富み、吸湿性もよい。

20 フォーミングに関する記述のうち、誤っているものはどれか。

イ パディングは、商品に詰め物をして立体感をもたせるフォーミング技法である。

ロ レイダウンは、商品を寝かせて見せるフォーミング技法である。

ハ フォールデッドは、平面的な布をいくつかのつまんだ形によって半立体に造形するフォーミング技法である。

ニ ハンギングは、商品を掛けて見せるフォーミング技法である。

21 文中の（　　）内に当てはまる語句として、適切なものはどれか。

下図の包み方を（　　）という。

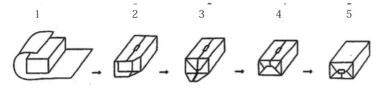

イ 斜め包み

ロ キャンディ包み

ハ 合わせ包み

ニ 十字包み

22 パーティクルボードに関する記述のうち、誤っているものはどれか。
   イ 木材小片を熱圧成形した板材である。
   ロ 収縮膨張の平面内の強さや収縮膨張の平面内の異方性が少ない。
   ハ 廃材などの利用で、資源面の重要な役割をなしている。
   ニ 芯部分がアルミ箔やクラフト紙で蜂の巣状の構造のため、軽さと強度がある。

23 著作権が継続する期間のうち、誤っているものはどれか。
   イ 実名の著作物の著作権保護期間は著作者の死後50年
   ロ 無名・変名の著作物は公表後20年
   ハ 団体名義の著作物は公表後50年
   ニ 映画の著作物は公表後70年

24 文中の（　　）内に当てはまる語句として、適切なものはどれか。
   建築基準法とは、建築法規の根幹を成し、建築物の敷地、設備、構造、用途についての最低基準を定め、（　　）を目的として定められた法律である。
   イ 高齢者、障害者等の移動等の円滑化を促進すること
   ロ 安全に就業するための災害防止
   ハ 損害賠償責任を認める被害者保護
   ニ 国民の生命、健康及び財産の保護

25 次の記述のうち、労働安全衛生法に関するものはどれか
   イ 火災又は地震等の災害に因る被害を軽減し、社会公共の福祉の増進に資することを目的とする法律である。
   ロ 建築物の構造などについてその最低基準を定めた法律である。
   ハ 快適な職場環境の形成に関連する法律である。
   ニ 製造物の欠陥により損害が生じた場合の製造者への対策に関連する法律である。

解答

A群〈真偽法〉

番号	1	2	3	4	5
解答	×	○	○	×	○

番号	6	7	8	9	10
解答	×	○	×	○	○

番号	11	12	13	14	15
解答	○	×	×	○	×

番号	16	17	18	19	20
解答	×	○	×	×	×

番号	21	22	23	24	25
解答	○	○	○	○	×

B群〈択一法〉

番号	1	2	3	4	5
解答	ロ	イ	ロ	ロ	ハ

番号	6	7	8	9	10
解答	ロ	ハ	ニ	イ	ロ

番号	11	12	13	14	15
解答	ハ	ハ	ニ	ロ	ロ

番号	16	17	18	19	20
解答	ロ	ハ	ハ	ロ	ハ

番号	21	22	23	24	25
解答	ハ	ニ	ロ	ニ	ハ

平成27年度1級学科【問題のポイント解説】

A群＜真偽法＞

問題1　マーチャンダイジングとは、マーケティングに含まれる概念であり、商品政策や商品化計画のことです。メーカーでは製品計画、製品開発から製品管理のことを指し、広義には販売促進や広告計画などのプロモーション活動を含めた、顧客に商品を提供するすべての活動をいいます。視覚表現を軸にした商品政策、商品化計画全般の活動は、ビジュアルマーチャンダイジングのことです。マーチャンダイジングはマーケティングに含まれる概念であるという観点から、マーチャンダイジングから派生したビジュアルマーチャンダイジングもマーケティングの体系に属すると考えられています。

問題4　消費動向とは、消費者の意識の変化、サービスへの支出、主要耐久消費財などの保有状況などをいいます。消費者の購買決定プロセスを分解し、顧客が購買に至るまでのどの段階にあるかを見極め、顧客の状態に応じたコミュニケーション戦略をとることができるようにするための心理プロセスには、アイドマ（IDMA）の法則やアイドカ（IDCA）の法則などがあります。

問題6　ショッピングセンターとは、1つの単位として計画、開発、所有、管理運営される商業・サービス施設の集合体で、駐車場を備えたものをいいます。その立地、規模、構成に応じて、選択の多様性、利便性、快適性、娯楽性等を提供するなど、生活者ニーズに応え

るコミュニティー施設として都市機能の一翼を担うものです。

「SC取扱い基準（改定）」では、SCは、ディベロッパーにより計画、開発されるものであり、次の条件を備えることが必要としています。

1. 小売業の店舗面積は、1500㎡以上であること。
2. キーテナントを除くテナントが10店舗以上含まれていること。
3. キーテナントがある場合、その面積がショッピングセンター面積の80％程度を超えないこと。ただし、その他テナントのうち小売業の店舗面積が1500㎡以上である場合には、この限りではない。テナント会（商店会）等があり、広告宣伝、共同催事等の共同活動を行っていること。

問題8 モーションディスプレイとは、商品や展示物、またはその装置などが実際に動く展示のことをいいます。

問題12 ライフステージとは、人間の一生における幼年期、児童期、青年期、壮年期、老年期などの各段階をいいます。家族については新婚期、育児期、教育期、子独立期、老夫婦期などに分けられます。

製品が市場に登場してから衰退するまでの盛衰の状態を、売上高及び利益の変化などから捉え、導入期、成長期、成熟期、衰退期の4つに区分するのは「商品（プロダクト）ライフサイクル」といいます。

問題13 ワイシャツのパーツのうち、Aの部分は「前立て」といわれています。シャツテールは、ワイシャツの後ろ身頃の裾の部分をいいます。

問題16 図の椅子は、チャールズ・レニー・マッキントッシュのデザインによる家具です。左よりイングラムハイチェア、フォールディング折りたたみテーブル、ペーパーコード座面のアームチェアです。

問題18 図の風呂敷の包み方は、お使い包みといいます。

問題19 写真はタッキングであり、いくつかのつまんだ形によって半立体に造形するテクニックをいいます。プリーツは、布や紙などを規則的に繰り返したたむこと、たたんだものをいいます。

問題20 エコ素材とは、栽培できる植物から作られ、使用後も環境に負担をかけずに処分・分解される化石資源以外の有機性資源を指します。

問題25 建築中の建物へ立ち入る際は、滞在時間の長さと関係なくヘルメット着用が義務づけられています。

B群＜多肢択一法＞

問題1　商品分類基準に従い、種目・品目段階での商品提示を目的とした陳列表現は、アイテムプレゼンテーションです。

問題2　クロスマーチャンダイジングとは、関連性のある商品を意図をもって集約し、陳列することです。コア・コンピタンスとは、企業の活動分野において競合他社を圧倒的に上回るレベルの能力や、競合他社に真似できない核となる能力のことをいいます。

問題3　インストアプロモーションとは、POPや実演販売、催事など、来店後の消費者に対して行われるプロモーション活動の総称です。例としては、上記以外にも店内ビデオによる商品アピール、プレミアムを付けた商品の販売などがあります。

問題4　ブランディングとは、企業が顧客にとって価値のあるブランドを構築するための活動を指します。また、ロゴやブランドネーム、パッケージなどのブランド要素と差別化されたブランド価値を結びつける連想を、消費者の頭・こころの中に育んでいく活動であると定義できます。短期的なマーケティング戦略ではなく、何十年、何百年といったスパンで行われる長期的で継続的な活動をいいます。

問題5　店舗位置の改札内外によらず、JR東日本や東京地下鉄（東京メトロ）は駅構内の商業施設にそれぞれ「駅ナカ」を意味する「エキナカ」や「エチカ」を用いているなど、名称の定義は各社さまざまであり、一定していません。駅ナカを構成する主な店舗は、コンビニエンスストア、飲食店、書店、衣料品店から理容室、保育所など多岐にわたります。

問題6　ライフスタイルショップとは、衣・食・住にまつわるさまざまな商品を取り揃え、生活スタイルをまるごと提案するショップのことです。アパレルブランド、カフェ、インテリアショップなど大手企業のプロデュースによるものから、店主が個人で経営するショップまであります。売られている商品が、ジャンルによってではなく、世界観やコンセプトによってセレクトされており、そのコンセプトに合わせた作品を展示するギャラリーを併設したライフスタイルショップもあります。しかし、ライフスタイルショップとしての必要条件ではありません。

問題7　ホルダーは、商品を支えて見やすくする器具です。

問題9　色温度は、光源の光色を表す尺度であり、低くなると赤味を帯びた光色になり、高くなると青味を帯びた光色になります。

問題10　イのナプキンのたたみ方は、クラウン（ビショップスマイター）といい、ハはスタンディングファン、ニはザ・キャンドルといわれています。

問題13　コラージュとは、新聞や雑誌などの切り抜きやいろいろな素材を貼り合わせて表現する

絵画構成法のこと。フロッタージュとは、木の葉や板石などに薄い紙を当てて、鉛筆やクレヨンなどで軽くこすり、葉脈や木目を浮き出させる絵画表現の手法のこと。サブリミナルとは、潜在意識に刺激を与えることで表れる効果のことをいいます。

問題14 一般記号のShは、棚を意味します。

問題15 ロの観葉植物の名前はユッカエレファンティペスです。太い幹から枝が出て、その先に剣先のような硬い葉を付けます。20cmくらいの小さなものから、2mほどの大きなものまで流通しています。北米～中米が原産ですが、耐寒性がある観葉植物です。

問題17 ハは、片開き戸を表す平面表示記号です。

問題20 平面的な布をいくつかつまんだ形によって半立体に造形するフォーミング技法は、タッキングといわれています。フォールデッドは、商品をたたんで置くことです。

問題22 芯部分がアルミ箔やクラフト紙で蜂の巣状の構造のため、軽さと強度がある構造体は、ハニカムコアといわれています。

問題23 著作権の保護期間は、無名・変名の著作物は公表後50年と定められています。

中央職業能力開発協会編

平成28年度 技能検定1級 商品装飾展示 学科試験問題

商品装飾展示作業

1. 試験時間　　1時間40分
2. 問題数　　　50題（A群25題、B群25題）
3. 注意事項　　省略

●下記の問題をよく読み、正しいと思われるものには○、正しくないと思われるものには×を右側の解答欄の □ に記入しなさい。（※問題文中のアンダーライン部分は「問題のポイント解説」参照）

A群＜真偽法＞

解答欄

1　ビジュアルマーチャンダイジングとは、マーチャンダイジング活動の一環であり、企業の独自性を表すために流通の場で行う視覚的表現を軸にした商品政策、商品化計画の活動全般をいい、今日的なマーケティングの体系に属する。

2　ポイントオブセールスプレゼンテーションとは、店舗や売場ごとの商品を分類整理し、種目や品目の段階で商品提示することを目的とした陳列表現をいう。

3　セールスプロモーションとは、最終需要の喚起を刺激するマーケティング活動の一環であり、消費者の購買意欲や流通業者の販売意欲を引き出す取り組み全般をいう。

4　販売計画とは、店や部門の売上高予算や粗利益高予算などの販売の目標値を設定し、それを達成するための取扱商品や、販売期間、販売場所、商品提案、陳列方法などを含めた販売方法の計画をいう。

5　ショッピングセンターは一つのマネジメント機関が一体として管理運営する商業・サービス施設の集合体であり、百貨店、スーパー、ホームセンター、専門店、レストラン等の物販、飲食店のテナントで構成され、ホテルや公共施設などのサービス施設は含まれない。

6　小売業の分類方法には業種分類と業態分類があるが、雑貨店・化粧品店・量販店・食料品店は業種分類である。

7　定数定量とは、売場の広さに対する棚やハンガーラックなどの適正数や商品の適正陳列量のことをいい、回遊しやすく、商品を選びやすい売場を作るための基準の1つになっている。

8　ビデオマッピングや3Dマッピングなどとも呼ばれるプロジェクションマッピングは、コンピューターグラフィックなどの映像を建物や物体などに対して投影する技術の総称をいう。

9　下図の器具は、セパレーターと呼ばれ、商品を分類・区分するために使用される。

10　ゾーニングとは、売場ではカテゴライズされた商品群ごとの配置領域を区画することをいうが、店舗計画では売場構成計画のことをいう。

11　下図で示したジャケットの各部の名称は、適切である。

12　ライフステージとは、対象者を消費者の生活様式、生活習慣に分類していくつかのタイプを設定することをいう。

13　消費動向とは、消費者意識の変化や消費支出の動向などのことをいい、消費者の意識、物価の見通し、自己啓発、趣味、レジャー、サービス等の支出予定、主要耐久消費財等の保有・買い替え状況、世帯の状況などを対象事項として、内閣府により定期的に実施されている。

14　下図は、19世紀末から20世紀初頭に活動したスコットランド、グラスゴー派の中心人物のチャールズ・レニー・マッキントッシュのデザインによる椅子である。

15 下図の表示記号は、すべて照明器具を表している。

16 下図は、軸測投影法ともいわれるアクソノメトリック図法で描かれた立方体である。

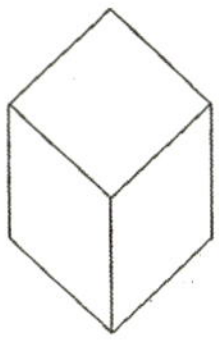

17 1905年に米国のマンセルが考案した表色系では、明度と彩度とともに色の三属性の1つである色相は、赤（記号／R）、オレンジ（記号／O）、緑（記号／G）、青（記号／B）、紫（記号／P）の5種類の色相を基本色相としている。

18 下図は、お使い包みと呼ばれている風呂敷の包み方である。

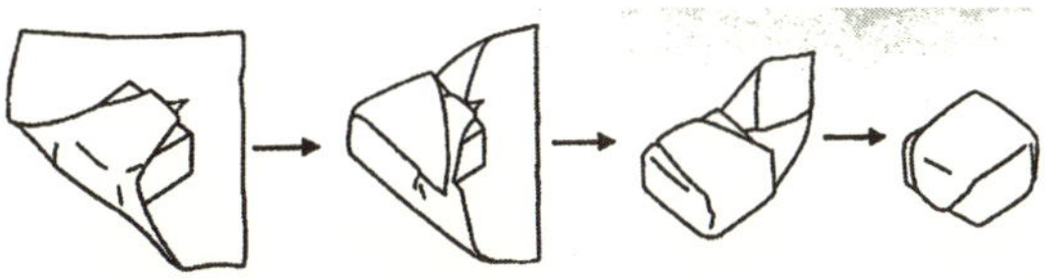

19 下図は、和食における基本献立の一つである「一汁二菜」の膳立てである。

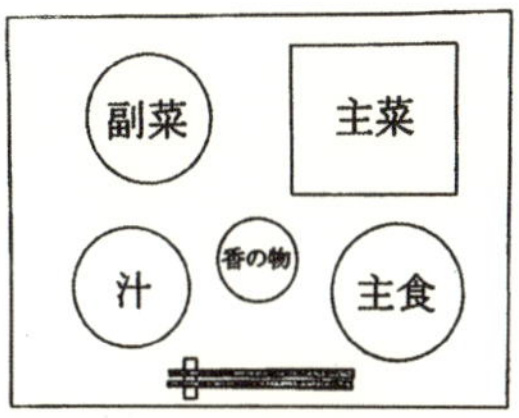

20 下図の観葉植物は、①がマダガスカル原産で大きな葉を出すアレカヤシで、②が中国南部から台湾原産のホンコンカポック、③が東南アジア原産で白い樹皮に小さなつやのある葉が特徴のベンジャミンである。

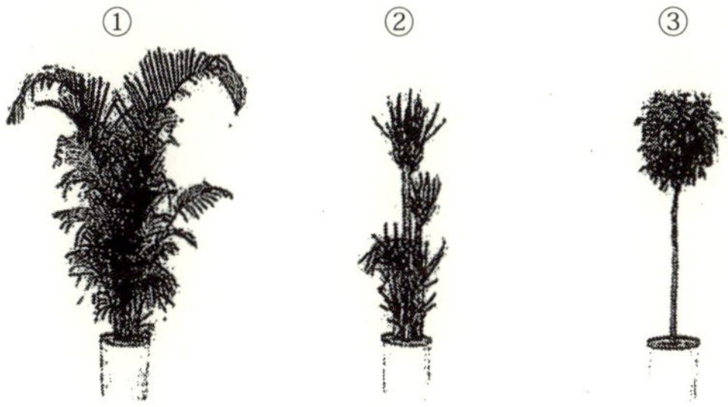

21　下図は、日本の美濃紙をもとに規格化されたB判の紙のサイズである。

　　　1　1030×728mm
　　　2　728×515mm
　　　3　515×364mm
　　　4　364×257mm

22　PL法という略語で表される製造物責任法は、製造、加工又は輸入された工業製品を対象とする法律で、農畜産物を原材料とする加工品は対象外となる。

23　知的財産梅の一つである著作権が保護する著作物とは、思想又は感情を創作的に表現した文芸、学術、美術又は音楽の範囲に属するものである。

24　消防法関係法令では、スプリンクラーから300mm離れていれば、展示物の設置に関する制約は受けない。

25　労働安全衛生法関係法令では、作業する床面の高さが2m以上の高所作業では、転落防止などの措置を講ずる責任を事業者に求めている。

B群＜多肢択一法＞　　　　　　　　　　　　　　　　　　　　　　解答欄

1　文中の（　　）内に当てはまる語句の組み合わせとして、適切なものはどれか。
　　マーチャンダイジングとは、（　①　）の中に含まれる概念であり、商品政策や商品化計画、（　②　）などのプロモーション活動を含めた顧客に商品を提供するすべての活動をいう。

　　　　　　　（①）　　　　　　　　　　　　（②）
　イ　セールスプロモーション　　　　　　購買励向
　ロ　マーケティング　　　　　　　　　　販売促進
　ハ　ビジュアルマーチャンダイジング　　シーズンイメージ
　ニ　バイイング　　　　　　　　　　　　アウトソーシング

2　衝動購買や関連購買を促進し客単価の向上を図る目的で、関連性のある商品をある意図をもとに編集・集積し、訴求する販売方法はどれか。
　イ　チームマーチャンダイジング
　ロ　メディアミックス
　ハ　クロスマーチャンダイジング
　ニ　ゾーニング

3　文中の（　　）内に当てはまる語句の組み合わせとして、最も適切なものはどれか。

広告とは、企業など広告主の（ ① ）の１つであり、商品やサービス、企業についての情報を受け手に提供し、（ ② ）や購買行動の促進を目的とする。

	（ ① ）	（ ② ）
イ	市場調査	顧客情報の蓄積
ロ	サービス活動	来店頻度のアップ
ハ	マーケットセグメンテーション	消費者の利益
ニ	コミュニケーション活動	イメージの浸透

4　インストアプロモーションに関する記述のうち、誤っているものはどれか。
　　イ　顧客が店舗などに来店した段階で行われるプロモーション活動をいう。
　　ロ　一般的に広告・宣伝などと連動させる。
　　ハ　売場スペースを最大限活用した購買を促す陳列手法、売場づくりの手法をいう。
　　ニ　特売や実演販売等を含めた生産性を向上させるための活動をいう。

5　オムニチャネルに関する記述のうち、誤っているものはどれか。
　　イ　あらゆる販売経路や流通経路の統合
　　ロ　O2Oの進化系
　　ハ　すべての販売経路から同様の利便性をもって商品を購入できる環境の実現
　　ニ　オンライン上のすべての仮想店舗を融合した販売チャネル

6　ターミナルビルに関する記述のうち、誤っているものはどれか。
　　イ　利便性の良い駅構内に商業施設を集積したスペースのことをいう。
　　ロ　テナントとして百貨店や各種店舗、企業のオフィスなどが入っている。
　　ハ　駅舎を大規模化し、商業施設などの機能をもたせた建物のことである。
　　ニ　観光客の利用が多い駅では、地元商品などを取り揃えた店舗もある。

7　フィッティングルームに関する記述として、適切でないものはどれか。
　　イ　位置を明確にするため、一般的に主通路沿いの通行量の多い場所に配置する。
　　ロ　FRと略して表記される場合がある。
　　ハ　入口がカーテンのものと、扉のものがある。
　　ニ　バリアフリーの機能をもったタイプがある。

8　下図の入れ子式に組み合わせができるテーブルの一般的名称はどれか。

イ　ディスプレイテーブル
ロ　サイドテーブル
ハ　カウンターテーブル
ニ　ネストテーブル

9　店舗照明の働きに関する記述のうち、誤っているものはどれか。
イ　業種によりターゲットとする顧客や店舗環境が異なるため、それぞれの状況に応じた照明が大切である。
ロ　店内での顧客誘導を図るためには、魅力的な商品訴求とともにアクセントのある照明もポイントとなる。
ハ　同じ業態の場合は、販売方法が同一であるため、照明方法も同じにする。
ニ　特定の商品を差別化する方法として、照明効果の果たす役割は大きい。

10　文中の（　　）内に当てはまる語句として、適切なものはどれか。
消費者が社会的、文化的、経済的条件のもとで示す生活の様態であり、生活意識や価値観、行動習慣などの視点から捉えていこうとする市場細分化の分類基準のことを（　　）という。
イ　ライフサイクル
ロ　ライフケア
ハ　ライフスタイル
ニ　ライフシーン

11　下図のナプキンのたたみ方で、法王の冠を意味する英語で呼ばれているものはどれか。

イ　　　　ロ　　　　ハ　　　　ニ

12　文中の（　　）内に当てはまる語句として、適切なものはどれか。
下図の引き出し線が示す帽子の部位の名称は（　　）である。

イ　ハットバンド
ロ　ブリム
ハ　クラウン
ニ　フロントピッチ

13 文中の（　　）内に当てはまる語句として、適切なものはどれか。
　　美的秩序の条件である形式原理の一つであり、古代エジプトの胸像やギリシャ、ローマの建築にも取り入れられてきた（　　）は、見る人に安定性や均整といった印象を与える。
　　イ　コントラスト
　　ロ　リズム
　　ハ　コンポジション
　　ニ　シンメトリー

14 下図の文様の中で、毘沙門亀甲文様はどれか。

　　　イ　　　　　ロ　　　　　ハ　　　　　ニ

15 文中の（　　）内に当てはまる語句として、適切なものはどれか。
　　意識と潜在意識の境界領域より下に刺激を与えることで表れるとされている効果のことを（　　）効果といい、日本放送協会や日本民間放送連盟は、それぞれの番組放送基準でその表現方法を禁止することを明文化している。
　　イ　コラージュ
　　ロ　フロッタージュ
　　ハ　サブリミナル
　　ニ　トロンプルイユ

16 文中の（　　）内に当てはまる語句の組み合わせとして、適切なものはどれか。
　　光の色は、光を発する物体の色温度よって異なり、温度が低い場合は（ ① ）となり、温度が高くなると（ ② ）となる。
　　　　　（ ① ）　　　　（ ② ）
　　イ　青色系の光　　　赤色系の光
　　ロ　白色系の光　　　緑色系の光
　　ハ　赤色系の光　　　青色系の光
　　ニ　灰色系の光　　　橙色系の光

17 文中の（　　）内に当てはまる語句として、適切なものはどれか。
　　美しい四角形の縦横比率の1つである（　　）は、1対1.43の比率をもち日

本人が好む比率といわれている。

  イ 幾何学抽象主義
  ロ 黄金比
  ハ 三分の一の法則
  ニ 白銀比

18 エコ素材の1つであるバイオマス素材に関する記述のうち、誤っているものはどれか。

  イ バイオマスとは、化石資源を含めた生物由来の有機性資源をいう。
  ロ 未利用バイオマス資源には、稲藁、麦藁、間伐材などがある。
  ハ バイオマス素材の1つである生分解プラスチックは、土の中、水の中に存在する微生物の働きによって分解される。
  ニ バイオマスの種類は、廃棄物系、未利用系、栽培作物系に分かれる。

19 ホットメルト接着剤に関する記述のうち、誤っているものはどれか。

  イ 高熱で溶け、冷えると固まる固形樹脂の性質を生かした接着剤である。
  ロ 接着ツールとしてグルーガンなどがある。
  ハ 接着剤が固まるまで時間が数十分かかるため、接着するものを長時間固定しておく必要がある。
  ニ 手芸品、段ボールの接着をはじめ、書籍の背表紙、電子部品の固定などに多用されている。

20 文中の（　　）内に当てはまる語句の組み合わせとして、適切なものはどれか。
衣料品の陳列方法には、商品のデザインの特徴を訴求するために有効な（ ① ）と、カラーやサイズのバリエーションなどを訴求することができる（ ② ）がある。

	（ ① ）	（ ② ）
イ	サンプリング	フォールデッド
ロ	スタンディング	レイダウン
ハ	フェイスアウト	スリーブアウト
ニ	フライング	ウエアリング

21 下図の①は合わせ包み、②は斜め包みを示しているが、弔事のラッピング方法の組み合わせとして、適切なものはどれか。

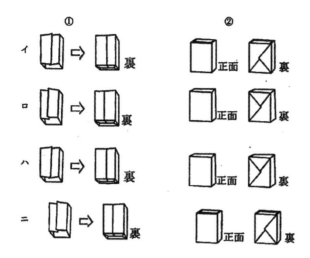

22 布地に関する記述のうち、誤っているものはどれか。
　イ　ジョーゼットは、縮緬ジワのない厚手の生地である。
　ロ　布はくとは、一般に織物地の総称として使われる。
　ハ　布目とは、布地のたて糸よこ糸のことで、布目を正しく扱うことが服の形くずれ防止につながる。
　ニ　たて糸よこ糸に対し45°の角度をバイヤスといい、伸びがありしなやかで柔らかな表現ができる。

23 著作権に関する紀述のうち、誤っているものはどれか。
　イ　日本における著作権保護期間は、原則、著作者の生存期間及び死後50年（映画は発表から70年）である。
　ロ　著作物をホームページにアップロードする場合、著作者の公衆送信権を害することになるので、事前に著作権者の許可を得る必要がある。
　ハ　学校において教育を担当する者と授業を受ける者は、授業の課程で利用するために著作物を複製することができる。
　ニ　著作権は、譲渡することができない。

24 建築基準法関係法令に関する記述のうち、誤っているものはどれか。
　イ　国民の生命、健康及び財産の保穫を目的として定められた法律である。
　ロ　大規模小売店舗の立地に関し、小売業の健全な発達を図ることを目的とする法律である。
　ハ　建築物の敷地、設備、構造、用途についての最低基準を定めた法律である。
　ニ　建築法規の根幹を成す法律である。

25 労働安全衛生法関係法令に関する記述のうち、誤っているものはどれか。
イ 快適な職場環境の形成に関連する法律である。
ロ 職場における労働者の健康を確保するための対策に関連する法律である。
ハ 高齢者、障害者等の移動等の円滑化の促進に関する法律である。
ニ 安全に就業するための災害防止対策に関連する法律である。

解答

A群〈真偽法〉

番号	1	2	3	4	5
解答	○	×	○	○	×

番号	6	7	8	9	10
解答	×	○	○	×	○

番号	11	12	13	14	15
解答	○	×	○	×	×

番号	16	17	18	19	20
解答	○	×	×	×	×

番号	21	22	23	24	25
解答	○	×	○	×	○

B群〈択一法〉

番号	1	2	3	4	5
解答	ロ	ハ	ニ	ハ	ニ

番号	6	7	8	9	10
解答	イ	イ	ニ	ハ	ハ

番号	11	12	13	14	15
解答	ハ	ロ	ニ	ロ	ハ

番号	16	17	18	19	20
解答	ハ	ニ	イ	ハ	ハ

番号	21	22	23	24	25
解答	ハ	イ	ニ	ロ	ハ

平成28年度1級学科【問題のポイント解説】

A群＜真偽法＞

問題1　マーチャンダイジングはマーケティングに含まれる概念であるという観点から、マーチャンダイジングから派生したビジュアルマーチャンダイジングもマーケティングの体系に属すると考えられています。

問題2　商品分類基準に従い、種目・品目段階での商品提示を目的とした陳列表現をアイテムプレゼンテーションといいます。

問題5　ショッピングセンターとは、ディベロッパーにより計画、開発され、所有、管理運営される商業・サービス施設の集合体をいいます。

問題6　小売業の分類方法には業種分類と業態分類があります。雑貨店、化粧品店、食料品店は業種による分類ですが、量販店は業態分類です。

問題 9　セパレーターとは、商品を分類・区分するための器具をいいます。図は、高さや角度を変えて商品を見やすくするスタンドです。

問題 12　ライフステージとは、人間の一生における幼年期、児童期、青年期、壮年期、老年期などのそれぞれの段階に分類して、いくつかのタイプを設定することをいいます。消費者の生活態度、生活様式のことは、ライフスタイルといわれています。

問題 13　消費動向とは、消費者の暮らし向きに関する考え方の変化や物価の見通しなどのことをいい、その調査結果は景気動向の把握や経済政策の企画・立案の基礎資料とされています。調査事項は、消費者の意識（今後の暮らし向きの見通しなど／毎月）、物価の見通し（毎月）、自己啓発、趣味、レジャー、サービス等への支出予定（6、9、12月及び3月）、主要耐久消費財等の保有・買い替え状況（3月のみ）、世帯の状況（毎月）があります。

問題 14　図の椅子は、ミッドセンチュリースタイルを代表するイームズによるデザインの椅子で、1956年に発表された「ラウンジチェア」です。

問題 15　表記記号では、左側の記号がペンダント照明、中央の記号が壁付き灯、右側の記号がコンセントを示します。

問題 16　アクソメと略されることが多い平行投影図の一種のアクソノメトリック図法は、立体を斜めから投影的に見た姿を表示する方法の1つで、平面図を使って簡単に立体的な表現ができます。三次元上のＸＹＺ軸同士のどこか1箇所が、二次元表現の時に直角で描かれます。軸側投影法ともいいます。

問題 17　1905年に米国の画家で美術教師であったマンセルが考案したマンセルシステムは、明度と彩度とともに色の三属性の1つである色相は、赤（記号:R）、黄（記号:Y）、緑（記号:G）、青（記号:B）、紫（記号:P）の5種類の色相を基本色相とします。

問題 18　お使い包みは、結び目を1つ上に作る風呂敷の包み方です。図のように結び目を作らずに包む方法は、袱紗包み、平包みといいます。

問題 20　①は、マダガスカル原産で大きな葉を出すアレカヤシ。②は、メキシコ東南部原産で、葉が灰緑色で先端がとがるユッカエレファンティペス。③は、東南アジア原産で、白い樹に小さなつやのある葉が特徴のベンジャミン。

問題 21　B判は、日本の美濃紙をもとに面積が1.5㎡の「ルート長方形」をB0とした国内規格サイズです。B0は1456×1030mm（面積1.5㎡）で、B1は面積がB0の半分となり1030×728mmとなります。

問題 22　略称をPL法といわれる製造物責任法は、1995年に施行され、製造、加工または輸入された工業製品や農畜産物を原材料とする加工品を対象とする法律をいいます。

問題24　消防関係法令では、スプリンクラーから500mm以内は展示物の設置が禁じられています。

B群＜多肢択一法＞
問題2　チームマーチャンダイジングとは、メーカーと小売業者などがプロジェクトチームを作り、特定の商品の開発に取り組むことをいいます。
　　　　メディアミックスとは、複数の媒体の組み合わせによる情報発信を同時に行うことにより、広告効果を高める手法をいいます。
　　　　ゾーニングとは、空間を利用目的や機能によって区分することです。
　　　　クロスマーチャンダイジングとは、消費者の生活シーンなどの1つの意図から発想して、商品をくくり、購買を刺激するマーチャンダイジング手法をいいます。
問題4　インストアプロモーションとは、POPや実演販売、催事など、来店後の消費者に対して行われるプロモーション活動の総称です。例としては、上記以外にも、店内ビデオによる商品アピール、プレミアムを付けた商品販売などがあります。売場スペースを最大限活用した購買を促す陳列手法、売場づくりの手法のことは、インストアマーチャンダイジングといいます。
問題5　オムニチャネルとは、オンライン上のストアだけではなく、実店舗も含めたあらゆる販売チャネルや流通チャネルを統合すること、及び、そうした統合販売チャネルの構築によってどのような販売チャネルからも同じように商品を購入できる環境を実現することをいいます。
問題6　駅ビル（えきビル）あるいはターミナルビルは、鉄道駅の駅舎を大規模化し、商業施設など駅機能以外の機能をもたせた建物のことです。多くの場合、テナントとして百貨店をはじめとする各種の店舗、企業のオフィス、ホテルなどを入れています。駅ビルに入居するテナントは駅の利用者層に応じてさまざまであり、観光客の利用が多い駅では、駅ビル内に地元商品、土産物を取り揃えた店もあります。都心にある特に大規模な駅ビルでは、下層階に商業施設、上層階にホテルやオフィスを入居させる例も見られます。駅そのものがもつ集客力や利便性の良さに着目した鉄道事業者が、鉄道利用者が利用する駅構内に展開した商業施設は通称、エキナカと呼ばれています。
問題7　フィッティングルームは、FRと略して表記され、入り口部はカーテン式のタイプやドア式のタイプがあります。最近ではバリアフリーの観点から上がり口をフラットに設計するようになりました。フィッティングルームの配置位置は、使用する顧客の心理を考え、通行量の多い主通路側に設けないのが一般的です。

問題 9　同じ業態であっても店舗を取り巻く環境や商品配置構成などが異なるため、照明方法は変わります。

問題 10　ライフサイクルとは、商品の導入期から処分期に至るまでの寿命をいいます。

ライフケアとは、人の身体上・精神上の健康管理のことをいいます。

ライフシーンとは、生活の情景や場面をいいます。

ライフスタイルとは、生活習慣や生活様式のことをいい、交際や娯楽なども含めた生活意識や価値観、行動習慣など多次元的な視点から消費者を捉えていこうとする考え方によって生まれた、市場細分化の分類基準の1つです。

問題 11　ナプキンのたたみ方で、イはフラワーバッド、ロはスタンディングファン、ハはビショップスマイター（法王の冠）、ニはキャンドルと呼ばれています。

問題 12　帽子の各部位の名称は下記の通りです。

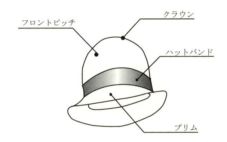

問題 14　4つの文様の名称は、イは亀甲、ロは毘沙門亀甲、ハは七宝、ニは麻の葉です。

問題 15　イのコラージュとは、新聞、冊子、広告、写真などの切り抜きや、布片や木片などの平面材料を貼り合わせ、それぞれの材料による相乗効果で新たな意味を創り出し、表現する絵画構成法、及びその作品をいいます。

ロのフロッタージュとは、木（の板）、石、硬貨など、表面がでこぼこした物の上に紙を置き、鉛筆などでこすり、その表面を紙に写し取る技法、及びこれにより制作された作品をいいます。

ハのサブリミナル効果とは、潜在意識、意識と潜在意識の境界領域に刺激を与えることで現れるとされる効果のことで、1995年9月26日に日本放送協会（NHK）が、1999年には日本民間放送連盟が、それぞれの番組放送基準でサブリミナル的表現法を禁止することを明文化しました。

ニのトロンプルイユとは、大理石やウォールナット材のような素材や疑似空間を、本物と見違えるように描く表現技法のことをいいます。

問題 16　光の色は、光を発する物体の色温度によって異なります。温度が低い場合、分光分布は

長波長の成分が多くなり、赤味がかった光となります。温度が高いと短波長の成分が多くなり、青味の光となります。

問題17　イの幾何学抽象主義は、モンドリアンが始めた線と色彩による幾何学的抽象構成手法で、建築やデザインなどにも影響を与えました。

ロの黄金比は、線や面を分割する1対1.618の比率が最も美しいプロポーションとされ、美術や建築に使われてきました。

ハの三分の一の法則は、グラフィックデザインの手法の1つで、イラストや写真、文字などの要素を1つのエリアにレイアウトする時、画面の中を分割するようなイメージでそれぞれの範囲に役割を与えると、受け手に情報が伝わりやすくなるといわれている法則です。

ニの白銀比は、美しい四角形の縦横比率の1つで、1対1.43の比率です。日本人は黄金比率の四角形より白銀比率の四角形を好むといわれています。

問題18　バイオマスとは、化石資源以外の生物由来の有機性資源をいいます。

問題19　ホットメルト接着剤とは、熱をかけ溶かして接着させる接着剤で、段ボールの接着や書籍の背表紙、電子部品の固定など工業用に多用されています。スティック（棒）状、ペレット（粒）状、シート状があり、スティック状のものを使用するためのツールはグルーガン（英：glue-gun）、あるいはホットガンといいます。溶けた固形樹脂が冷めて接着されるまでには数十秒で済むことも、グルーガンで接着する利点の1つです。

問題21　包装の方法で、斜め包みの弔事の包み方は、包装紙の右側に箱を置き、箱上部が右側にくるように置いて包み始め、最終の包装紙の端を左側にします。合わせ包みの弔事の包み方は、斜め包みと同様に、最終形の包装紙の合わせ目が左上になるようにします。

問題22　ジョーゼットとは、クレープジョーゼットの略で、薄く透けて見え、細かい縮緬ジワがある生地です。

問題24　大規模小売店舗の立地に関し、小売業の健全な発達を図ることを目的とする法律は、大規模小売店舗立地法です。

問題25　高齢者、障害者等の移動等の円滑化の促進に関する法律は、バリアフリー新法です。

中央職業能力開発協会編

平成29年度 技能検定1級 商品装飾展示 学科試験問題

商品装飾展示作業
1. 試験時間　1時間40分
2. 問題数　　50題（A群25題、B群25題）
3. 注意事項　省略

●下記の問題をよく読み、正しいと思われるものには○、正しくないと思われるものには×を右側の解答欄の □ に記入しなさい。（※問題文中のアンダーライン部分は「問題のポイント解説」参照）

A群＜真偽法＞

1　マーチャンダイジングとは、今日的なマーケティングの体系に属する活動の一環であり、視覚表現を軸にした商品政策、商品化計画全般をいう。

2　プラノグラムとは、POSシステムによるデータをもとに、フェイシングやレイアウトなどの陳列組み合わせをコンピューター画面上でシミュレーションし決定する棚割り管理システムをいう。

3　セールスプロモーションとは、需要を喚起し、販売を拡大するための手段であり、その対象は消費者に限定される。

4　インターネット、スマートフォン、SNSなどの普及により消費者行動が大きく変化した今日、購買行動プロセスは従来の「AIDMAの法則」では分析できなくなり、「AISAS（アイサス）」「ARASL（アラスル）」などのプロセスモデルが提唱されている。

5　オムニチャネルとは、実店舗を含めたあらゆる販売チャネルや流通チャネルを統合すること、及び全ての販売チャネルから同様に商品を購入できる環境を実現することである。

6　期間限定で出店する仮店舗のことを「ポップアップストア」というが、仮店舗なので、商品や企業のイメージを明確に表現するのは難しく、販売促進活動としては不向きである。

7　「定数定量」の定数とは、売場面積に対してレイアウトする什器の適正数のことであるが、その数量は、商品のグレードやターゲットなどにかかわらず、同一アイテムであれば一定である。

8　展示場所とその説明ポイントを組み合わせたものであるが、誤っているのは（ハ）である。

　　（イ）　ファサード　　＝　オーニング、ストアアイデンティティーの表現
　　（ロ）　柱面上部　　　＝　PPスペース・サインスペース、遠距離からの視覚効果
　　（ハ）　ゴンドラ　　　＝　主に片面陳列、対面販売に適している

9　下図器具の名称と役割に関する記述は、それぞれ正しい。

　　（イ）はホルダーで商品を支えて見せる。
　　（ロ）はスタンドで高さ、角度を変え商品を分類・区分して見せる。
　　（ハ）はセパレーターで商品を分類・区分して見せる。

10　重点照明とは、局部照明ともいい、店舗の重要な箇所や商品のセールスポイントなど、比較的小面積の限られた場所だけを部分的に照らすことであり、スポットライトなどがこれにあたる。

11　照明に関する日本工業規格（JIS）は、人々の諸活動が、安全、容易、かつ快適に行えるような視環境を作り出すための照明基準で、推奨照度だけでなく、照度均斉度、不快グレア、平均演色評価数などの照明の質的要件も規定されている。

12　ライフスタイルとは、多様化する生活の中で、市場を分析するための分類基準の1つであり、対象者を幼年期・児童期・青年期・壮年期・老年期などのそれぞれの段階に分類していくつかのタイプを設定することをいう。

13　消費者が要求している物や事を表す言葉にウォンツとニーズがあるが、ウォンツは生活必需的要素、ニーズは嗜好的要素に重きが置かれている。

14　下図は、19世紀末から20世紀初頭に活動したスコットランド、グラスゴー派の中心人物のチャールズ・レニー・マッキントッシュのデザインによる家具である。

15 トーンイントーンとは、同一トーンで明度差を小さくした多色配色のことで、ドミナントトーン配色の一種で統一感を与える配色である。

16 モデュールとは、図面作成上の縮尺基準のことである。

17 五節句の一つである人日（じんじつ）は、正月七日の七草の節句のことであり、七草粥で体調を整え邪気を払う目的で行われる。

18 布を指でいくつかつまんで、平面上に美しく半立体状に形作るピンワークのテクニックをタッキングという。

19 風呂敷の包み方で、下図は絞紗（ふくさ）包みとも呼ばれている平包みである。

20 FRPは、Fiber Reinforced Plasticsの略で、繊維で強化されたプラスチックのことで、軽量で丈夫なことから、マネキン人形などの素材として広く使用されている。

21 直径約15cm、高さ約20mになり、節の環が2つある大型の竹で、節間が長く、弾力性に優れているので、建築資材や籠などの竹細工に利用されるのは、孟宗竹である。

22 建築基準法は、一般的な建築物及び建築物の敷地や用途などを規制の対象とするが、文化財保護法による国宝や重要文化財、鉄道の跨線橋や保安施設などは適用の範囲に含まれない。

23 製造物責任法（PL法）での責任適用で、外国から部材を輸入し販売している場合、自分で製造、加工をしていないので責任を負わされることはない。

24 ©とはcopyrightの頭文字で、万国著作権条約により設定された著作権の所有を表示する記号である。

25 建築中の建物へ立入る際、ヘルメット着用が義務づけられているのは、滞在時間が30分以上になる場合である。

B群＜多肢択一法＞

解答欄

1 ビジュアルマーチャンダイジング活動に関する記述として、正しいものはどれか。
　イ　活動の中で外部情報を含んだ訴求は、顧客に混乱を招くので好ましくない。
　ロ　VP、PP及びIPは、さまざまなインストアプロモーションとも関連し展開される。

ハ　活動の中で客動線は、意識することなく視覚訴求に専念すればよい。
　　ニ　マーチャンダイジング計画とビジュアル表現は、切り離して活動すると効果的である。
2　VMD用語に関する記述のうち、誤っているものはどれか。
　　イ　ビジュアルマーチャンダイジングとは、今日的なマーチャンダイジングにかかわる考え方であり、流通の場で商品をはじめ全ての視覚的要素を演出し管理する活動である。
　　ロ　ポイントオブセールスプレゼンテーションとは、商品分類基準に従い、種目・品目段階での商品提示を目的とした陳列表現をいう。
　　ハ　マーチャンダイズプレゼンテーションとは、VMDの考えに基づいた商品展示や陳列をいう。
　　ニ　アイテムプレゼンテーションとは、アイテムの段階で商品を分類・整理し、見やすく選びやすく陳列することをいう。
3　販売促進のためのメディアミックスに関する記述のうち、誤っているものはどれか。
　　イ　インターネットや雑誌など複数の媒体を組み合わせ、情報発信を行う。
　　ロ　新商品の売り出し時によく用いられる。
　　ハ　人的販売、広告、広報などの販促手段を組み合わせることをいう。
　　ニ　各媒体の表現を視覚的に統一することで効果が高くなる。
4　ブランディングに関する記述のうち、誤っているものはどれか。
　　イ　マーケティング戦略とは異なるコミュニケーション戦略のことをいう。
　　ロ　顧客の視点でブランドに対する共感や信頼などの価値を高めていくための活活動を指す。
　　ハ　ブランドの概念を具体的に表現するための要素として店舗環境やVMDなどがある。
　　ニ　経営・販売上の戦略として、組織的かつ長期的に行われる活動である。
5　文中の（　　）内に当てはまる語句として、適切なものはどれか。
　　フランスのコレット、アメリカのバーニーズニューヨークといったその店のオーナーやバイヤーのセンスで仕入れたものを展開している店舗のことを、（　　）という。
　　イ　スペシャリティショップ
　　ロ　セレクトショップ
　　ハ　インポートショップ

ニ　アンテナショップ

6　文中の（　）内に当てはまる語句の組み合わせのうち、最も適切なものはどれか。
　ショッピングセンターは、（①）により計画、開発されるものであり、1つの単位として計画、開発、所有、管理運営される商業・（②）施設の集合体をいう。

　　　　　　（①）　　　　　（②）
イ　広告代理店　　　宿泊
ロ　テナント　　　　娯楽
ハ　ディベロッパー　サービス
ニ　自治体　　　　　公共

7　文中の（　）内に当てはまる語句として、最も適切なものはどれか。
　フィッティングルームは、誰もが快適に過ごせる社会構築の考え方の高まりとともに、（　）に対応できることが求められている。

イ　マーチャンダイジング
ロ　メディア
ハ　トレンド
ニ　バリアフリー

8　照明に関する記述のうち、誤っているものはどれか。
　イ　間接照明とは、光源からの光が直接目に入らないように、天井や壁などに光を反射、拡散させる照明で、まぶしさやムラがないソフトな光が得られる。
　ロ　タスク照明は売場全体の基本照明のことで、暗い所を明るくし安全性を確保する照明のことをいう。
　ハ　直接照明とは、光源からの光で直接対象を照らす照明で、効率がよく、陰影をつけやすいが、まぶしさ（グレア）の原因になる場合があるので留意する必要がある。
　ニ　アンビエント照明は環境の、雰囲気の、という意味をもち、売場周辺の環境が良く見えるようにするための均一な照明をいう。

9　ネストテーブルはどれか。

　　イ　　　　　ロ　　　　　ハ　　　　　ニ

10 次のうち、クイックレスポンスシステムの説明として、最も適しているものはどれか。
　イ　小売店が商品を顧客の手もとに迅速に配達するシステム。
　ロ　販売員が商品を迅速に包装するシステム。
　ハ　販売員が顧客の質問に対して迅速に解答するシステム。
　ニ　店頭での売り上げデータや受発注業務をコンピューターで管理し、商品を迅速に供給するシステム。

11 ネクタイの結び方として、最もノットが小さく仕上がるものはどれか。
　イ　ウインザーノット
　ロ　プレーンノット
　ハ　セミウインザーノット
　ニ　ダブルノット

12 フランス語で「銃兵、騎兵」の意味をもつムスクテールが由来のムスクテールスリーブと呼ばれる袖のデザインはどれか。

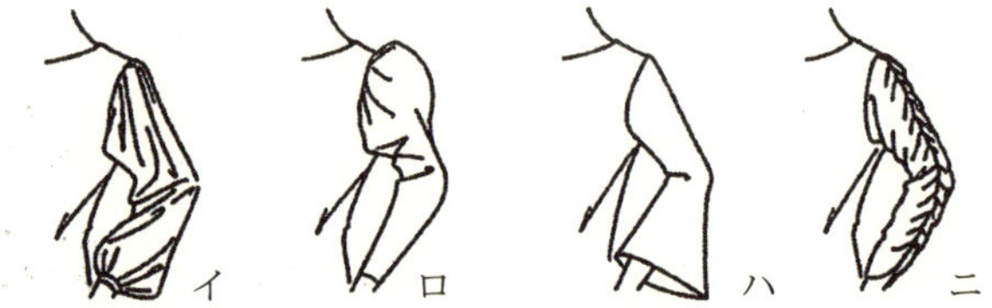

13 次のインスタレーションアートに関する記述のうち、誤っているものはどれか。
　イ　設置という意味をもったアートである。
　ロ　環境を取り込んでいく芸術行為である。
　ハ　美術用語としては1930年代に登場した。
　ニ　ディスプレイデザインに大きな影響を与えている。

14 下図のうち、紗綾形文様と呼ばれているものはどれか。

15 建築図面における略記号とその意味の組み合わせとして、正しいものはどれか。

　　　【略記号】　　【意味】
　イ　　BM　　　床（階高）の仕上げ高
　ロ　　GL　　　地盤面

ハ　FL　　　　建物の基準の高さ
　　ニ　CL　　　　開口部の高さ

16　文中の（　　）内に当てはまる語句として、適切なものはどれか。
　　古くから建築や造形物に取り入れられてきた（　　）は、美的秩序の条件である形式原理の一つであり、見る人に安定性や均整といった印象を与える。
　　イ　コントラスト
　　ロ　リピート構成
　　ハ　シンメトリー
　　ニ　モデュール

17　色対比に関する記述のうち、誤っているものはどれか。
　　イ　組み合わせた2色の色相が異なる場合、それぞれの色の間の色相差がより大きく感じられる。
　　ロ　組み合わせた2色の彩度が異なる場合、彩度の高い色はより鮮やかに、低い色はより濁って見える。
　　ハ　組み合わせた2色の明度が異なる場合、明るい色はより明るく、暗い色はより暗く感じる。
　　ニ　組み合わせた2色が補色関係にある場合、それぞれの色の彩度がより低くなって見える。

18　接着剤に関する記述のうち、誤っているものはどれか。
　　イ　天然物質系と合成樹脂系に大別される。
　　ロ　主成分は、主として有機物質である。
　　ハ　発泡スチロールの接着には、シンナー系接着剤が適している。
　　ニ　接着するものによって、接着剤を使い分ける必要がある。

19　ケント紙に関する記述のうち、誤っているものはどれか。
　　イ　純白で紙質の固い上質紙。
　　ロ　イギリスのケント地方ではじめて作られた。
　　ハ　砕木パルプ・藁・古紙などを原料としてすいた紙。
　　ニ　インキがにじまず、消しゴムで消しても毛羽立ちにくい。

20　文中の（　　）内に当てはまる語句として、適切なものはどれか。
　　下図の手順で完成するナプキンのたたみ方は、（　　）という呼び名である。

イ　フラワーバッド
ロ　スタンディングファン
ハ　ビショップスマイター
ニ　ザ・キャンドル

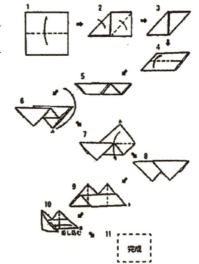

21　次の観葉植物のうち、名称が正しいものはどれか。

イ　ロ　ハ　ニ

イ　ストレリチア・レギネ
ロ　ベンジャミーナ
ハ　ゴールドクレスト
ニ　ガジュマル

22　消防法関係法令に関する記述のうち、誤っているものはどれか。

イ　消防法に定められた防炎性能基準の条件を満たしたものを「防炎物品」という。
ロ　不特定多数の人が出入りする施設・建築物で使用されるカーテン、じゅうたんは、「防炎物品」の使用を義務づけられている。
ハ　舞台において使用する幕及び大道具用の合板は、「防炎物品」の使用を義務づけられている。
ニ　工事現場に掛けられている工事用シートは、「防炎物品」の使用を義務づけられていない。

23　知的財産権に関する記述のうち、誤っているものはどれか。

イ 企業秘密や商号の権利も含まれる。

ロ 特許や実用新案、デザイン、商標などが対象となる。

ハ 国際的なルール作りが WIPO や WTO などの場で進められている。

ニ 知的所有権の法律とは、異なる法律で定められている。

24 文中の（　　）内に当てはまる語句として、適切なものはどれか。

建築基準法とは、（　　）を目的として定められた法律である。

イ 高齢者、障害者等の移動等の円滑化を促進すること

ロ 安全に就業するための災害防止

ハ 損害賠償責任を認める被害者保護

ニ 国民の生命、健康及び財産の保護

25 次の記述のうち、労働安全衛生法に関するものはどれか。

イ 火災又は地震等の災害に因る被害を軽減し、社会公共の福祉の増進に資することを目的とする法律である。

ロ 建築物の構造などについてその最低基準を定めた法律である。

ハ 快適な職場環境の形成に関連する法律である。

ニ 製造物の欠陥により損害が生じた場合の製造者への対策に関連する法律である。

解答

A群〈真偽法〉

番号	1	2	3	4	5
解答	×	○	×	○	○

番号	6	7	8	9	10
解答	×	×	○	×	○

番号	11	12	13	14	15
解答	○	×	×	○	○

番号	16	17	18	19	20
解答	×	○	○	×	○

番号	21	22	23	24	25
解答	×	○	×	○	×

B群〈択一法〉

番号	1	2	3	4	5
解答	ロ	ロ	ハ	イ	ロ

番号	6	7	8	9	10
解答	ハ	ニ	ロ	イ	ニ

番号	11	12	13	14	15
解答	ロ	ニ	ハ	イ	ロ

番号	16	17	18	19	20
解答	ハ	ニ	ハ	ハ	ハ

番号	21	22	23	24	25
解答	ロ	ニ	ニ	ニ	ハ

平成29年度1級 学科【問題のポイント解説】

問題1　マーチャンダイジングは、マーケティングの中に含まれる概念であり、商品政策や商品化計画のことをいいます。視覚表現を軸にした商品政策、商品化計画全般の活動は、ビジュアルマーチャンダイジングのことです。

問題3　セールスプロモーションには、消費者に向けたプロモーション以外に、系列販売店向けプロモーション、従業員向けプロモーションなどがあります。

問題4　AISAS（アイサス）は、Attention（注意）→ Interest（関心）→ Search（検索）→ Action（購買）→ Share（情報共有）の頭文字で、電通が提唱したインターネット普及後の購買行動プロセスを説明する心理プロセスモデルです。
　　　ARASL（アラスル）は、Attention（注意）→ Reach（送客）→ Action（購買・利用）→ Share（情報共有）→ Loyal（再利用）の頭文字で、野村総合研究所が提唱した主にスマートフォンでの購買を想定した心理プロセスモデルです。

問題6　ポップアップストアは、期間限定で出店する仮店舗のこと。商品や企業のイメージを明確に伝える展開ができやすいため、販売促進活動としても注目されています。

問題7　定数定量は、売場の什器レイアウトや商品展開点数を決定する基準の1つで、什器の適正台数や商品の適正陳列量のことをいいます。陳列される商品のグレードやターゲットにより、その適正な数量は変わります。

問題8　ゴンドラは、商品を直接手に取れるオープン型陳列什器で、セルフサービス販売の基本什器です。

問題9　イはセパレーター、ロはホルダー、ハはスタンド。

問題12　ライフスタイルは、消費者の生活態度、生活様式のことです。人間の一生における幼年期、児童期、青年期、壮年期、老年期などのそれぞれの段階は、ライフステージといいます。

問題13　ニーズ（Needs）は生活上の必要性を、ウォンツ（Wants）は欲しいと感じる欲求のことを指します。販売促進においては、ウォンツに訴えかけることが重要だといわれています。

問題14　図は左からイングラムハイチェア、フォールディング折りたたみテーブル、ペーパーコード座面のアームチェア。

問題16　モジュール（module）は、寸法あるいは機能の単位のことで、建築の分野では基本となる寸法のことです。図面の縮尺のことは、スケール（scale）といいます。

問題19　設問の図は、「お使い包み」です。「袱紗包み」は『VMD用語事典』233頁参照。

問題21　設問は、真竹（苦竹）のことです。孟宗竹は、直径18cm、高さ22mになる大型種。節

に環が1つで、節間が比較的短く、材質は厚く、硬く、弾力性に欠け、建築や農漁業用資材として利用されていますが、かごなどの編組には向きません。たけのこは春一番に発生し、食用として出荷されています。

問題23 PL法では、「当該製造物を業として製造、加工又は輸入した者」が責任を負うとされています。

問題25 建設工事中の建物で作業をする場合は、いかなる場合もヘルメット着用が義務義務付けられています。労働安全衛生規則第194条の7「保護帽の着用」。

B群＜多肢択一法＞

問題2 ロは、アイテムプレゼンテーションのことです。ポイントオブセールスプレゼンテーションは、アイテムプレゼンテーションの中から特定の商品をピックアップし、商品の魅力や特徴を視覚的に表現することをいいます。

問題3 人的販売、広告、広報などの販売促進手段を組み合わせることは、プロモーションミックスといいます。

問題8 タスクは「仕事、作業」の意味で、商品演出や販売行動などに支障のない個別の照明方法のことを指します。

問題9 イはネストテーブル、ロはガラスケース、ハはワゴン、ニはテーブル。

問題11 『VMD用語事典』176頁参照。

 イ．ウインザーノット：幅広でボリューム感のある三角形の結び目が特徴。

 ロ．プレーンノット：最も基本的な結び方で、結び目が小さく、すっきりとしたライン。

 ハ．セミウインザーノット：プレーンノットより大きく、ウインザーノットよりボリュームを抑えた程よい大きさの三角形が特徴。

 ニ．ダブルノット：プレーンノットに似た結び方、縦長の結び目が特徴。細めのネクタイ向き。

問題12 イ．ペザントスリーブ：ドロップショルダー（通常の袖付けよりも肩先が落ちている）、パフスリーブでゆったりとした長袖が多くなっています。

 「ペザント」とはヨーロッパの農民を表し、主に女性が着ているペザントブラウスに由来しています。

 ロ．チキンレッグスリーブ：鶏の脚の形に似た、肩部が膨らみ、袖先に向かって細くなる袖。

 ハ．トランペットスリーブ：トランペットのラッパ口のように大きく開いた袖。

ニ．ムスクテールスリーブ：身体にフィットした長袖で、袖山から手首まで縦に切り替えを入れてシャーリングを施した袖。

問題 13　インスタレーションアートは、1970年代に登場した美術用語です。

問題 14　イは紗綾形(さやがた)文様、ロは亀甲文様、ハは桧垣(ひがき)文様、ニは青海波(せいがいは)文様。

問題 15　イ．BM（bench mark、ベンチマーク）：敷地や建物の高さの基準レベル
　　　　ロ．GL（ground line、グランドライン）：地盤面
　　　　ハ．FL（floor line、フロアーライン）：床面
　　　　ニ．CL（ceiling line、セリングライン）：天井面

問題 17　異なった色を組み合わせた時、互いに影響し合って、それぞれの色が単独で見た時とは違って見える現象を色対比といいます。
　　　　イ．色相対比　　ロ．彩度対比　　ハ．明度対比　　ニ．補色対比
　　　　補色対比は、組み合わせた補色関係にある2色の、それぞれの色の彩度がより高く見える現象です。

問題 18　シンナー系接着剤は、発泡スチロールを溶かしてしまうので、適していません。

問題 19　ケント紙は、化学パルプを原料とした、純白で固く締まった上質の図画用紙。比較的厚手でインキがにじまず、消しゴムで消しても毛羽立ちにくいです。主な用途は製図用ですが、名刺やカレンダーにも使用されています。藁(わら)パルプや古紙などを原料として厚くすいた、堅く、腰が強い紙は、ボール紙です。

問題 20　『VMD用語事典』153～154頁「ナプキンのたたみ方」参照。

問題 21　イはケンチャヤシ、ロはベンジャミーナ、ハはサボテン、ニはユッカエレファンティベス。

問題 23　知的財産権は、有体物に対して個別に認められる財産権とは異なり、無形のもの、特に思索による成果・業績を認め、その表現や技術などの功績と権益を保証するために与えられる財産権のことです。知的所有権とも呼ばれています。

問題 25　イ．消防法　　ロ．建築基準法　　ハ．労働安全衛生法　　ニ．製造物責任法

中央職業能力開発協会編

平成30年度 技能検定1級 商品装飾展示 学科試験問題

商品装飾展示作業

1. 試験時間　　1時間40分
2. 問題数　　　50題（A群25題、B群25題）
3. 注意事項　　省略

●下記の問題をよく読み、正しいと思われるものには○、正しくないと思われるものには×を右側の解答欄の　　　　に記入しなさい。（※問題文中のアンダーライン部分は「問題のポイント解説」参照）

A群＜真偽法＞　　　　　　　　　　　　　　　　　　　　　　　　　　　　　　解答欄

1　ビジュアルマーチャンダイジングとは、今日的なマーケティングの体系に属したマーチャンダイジング活動の一環であり、企業の独自性を表すための流通の場で行う視覚表現を軸にした商品政策、商品化計画の活動全般をいう。

2　ポイントオブセールスプレゼンテーションとは、商品分類基準に従い、種目・品目段階での商品提示を目的とした陳列表現をいう。

3　AIDMAの法則とは、消費者がものやサービスを購入する際の心理プロセスモデルの一つであり、「Desire」の段階では小売側は注意への喚起が必要であり、「Memory」の段階では動機の提供が必要である。

4　販売計画とは、店や部門の売上高予算や粗利益高予算などの販売の目標値を設定し、それを達成するための取扱商品や、販売期間、販売場所、商品提案、陳列方法などを含めた販売方法の計画をいう。

5　BtoCとは、フリマアプリの広がりにより拡大した市場で、インターネットを通じて一般消費者同士が物品などの売買を行うことである。

6　ショッピングセンターとは、ディベロッパーにより計画、開発、管理運営される商業及びサービス施設の集合体であり、キーテナントを除くテナントが10店舗以上含まれ、小売業の店舗面積が750㎡以上であるものをいう。

7　下図は、人間の視点高と視野との関係で最も見やすく、最も手に取りやすい高さの空間域を示しており、ゴールデンスペースと呼ばれている。

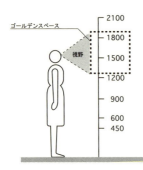

（単位：mm）

8 <u>AR</u> とは、Augmented Reality の略であり、ありのままに知覚される情報にデジタル合成などによって作られた情報を付加する技術のことで、スマートフォンなどを通して現実の商品に文字や画像などの情報を重ねて表示し、見ている対象の理解を助けたり、楽しんだりする用途に使われる。

9 下図はすべて、販売空間において演出効果を高めるために使われる道具で、プロップスと呼ばれている。

10 <u>可視光線</u>と呼ばれている人間の目で見える電磁波の波長域の中で、短い波長の光は精肉や赤身の魚の照明に適している。

11 購買行動とは、消費者がある商品やサービスを購入する時の選択行動のことであり、地域や店舗、ブランド、商品の選択行動や、数量、頻度決定行動などが分析の基準となっている。

12 ロハスとは、Lifestyles Of Health And Sustainability の頭文字をつないだ造語で、米国の学者が提唱した健康的で持続可能な社会生活を心がけるライフスタイルである。

13 下図で示したジャケットの各部の名称は、適切である。

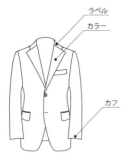

14 下図は、立体を斜めから見た図を表示する方法の一つで、等角投影図ともいわれるアイソメ図である。

15 1905年に米国のマンセルが考案した表色系では、明度と彩度とともに色の三属性の1つである色相は、赤（記号／R）、オレンジ（記号／O）、緑（記号／G）、青(記号／B)、紫（記号／P）の5種類の色相を基本色相としている。

16 下図の平面図表示記号は、すべて窓を表している。

17 下図は、紀元前800年頃に成立したエンタシスと呼ばれるギリシャ建築の柱様式の一つであり、イオニア式柱頭という。

18 下図は、お使い包みと呼ばれている風呂敷の包み方である。

19 下図は、イギリス式のテーブルセッティングを表している。

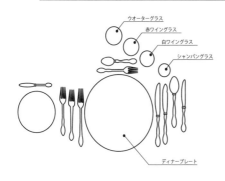

20　エコ素材とは、栽培できる植物から作られ、使用後も環境に負担をかけずに処分・分解されるものであり、化石資源を含めた有機性資源を指す。

21　アート紙とは、印刷特性を高めるため薄い原紙の表面に加工を施した塗工紙の一種で、ポスター、カレンダー、美術書など高級印刷用に使用されている。

22　消防法関係法令における「消防の用に供する設備」には、消火設備及び避難設備は該当するが、警報設備は含まない。

23　PL法という略語で表される製造物責任法は、製造、加工又は輸入された工業製品を対象とする法律で、農畜産物を原材料とする加工品は対象外となる。

24　大規模小売店舗立地法は、店舗面積が1000㎡を超える大規模出店を対象とし、地域住民の意見を反映しつつ、大型店と周辺の生活環境との調和を図っていくための手続等を定めた法律である。

25　労働安全衛生法では、事業者が行う危険防止のための措置を、作業者自身が守る義務があることが明記されている。

B群＜多肢択一法＞　　　　　　　　　　　　　　　　　　　　　　　　解答欄

1　マーチャンダイジングに関する記述として、誤っているものはどれか。
　　イ　マーケティングの中に含まれる概念である。
　　ロ　商品政策や商品化計画のことをいう。
　　ハ　メーカーでは、製品計画、製品開発、製品管理などを指す。
　　ニ　広義には、販売促進や広告計画などのプロモーション活動を除いた、顧客に商品を提供するすべての活動をいう。

2　文中の（　　）内に当てはまる語句として、適切なものはどれか。
　　（　　）とは、販売計画やPOSシステムなどのデータをもとにフェイシングやレイアウトを決め、作成した棚割り計画又は棚割り図のことである。
　　イ　ダイヤグラム
　　ロ　モノグラム
　　ハ　プラノグラム
　　ニ　ピクトグラム

3　インストアプロモーションに関する記述として、誤っているものはどれか。
　　イ　VMDや環境演出、イベントなどを連動させた活動である。
　　ロ　店内外の消費者に対して行う総合的なプロモーションである。

ハ　プレミアム付き商品販売もインストアプロモーション活動の中に含まれる。

ニ　特売や実演販売等を含めた生産性を向上させるための活動のことである。

4　文中の（　　）内に当てはまる語句の組み合わせとして、最も適切なものはどれか。

広告とは、企業など広告主の（　①　）の一つであり、商品やサービス、企業についての情報を受け手に提供し、（　②　）や購買行動の促進を目的とする。

	（　①　）	（　②　）
イ	市場調査	顧客情報の蓄積
ロ	コミュニティーサービス	来店頻度のアップ
ハ	マーケットセグメンテーション	消費者の利益
ニ	コミュニケーション活動	イメージの浸透

5　ライフスタイルショップに関する記述として、誤っているものはどれか。

イ　一つの世界観やコンセプトによってセレクトされた品揃えになっている。

ロ　ギャラリースペースは、必ず併設されている。

ハ　大手企業プロデュースによるものから、個人で経営するショップまでさまざまな規模がある。

ニ　洋服、文具、雑誌、植物、フレグランス、アクセサリーなどジャンルを超えた幅広い商品を扱っている。

6　ターミナルビルに関する記述として、誤っているものはどれか。

イ　利便性の良い駅構内に商業施設を集積したスペースのことをいう。

ロ　テナントとして百貨店や各種店舗、企業のオフィスなどが入っている。

ハ　駅舎を大規模化し、商業施設などの機能をもたせた建物のことである。

ニ　観光客の利用が多い駅では、地元商品などを取り揃えた店舗もある。

7　フィッティングルームに関する記述として、適切でないものはどれか。

イ　位置を明確にするため、一般に、主通路沿いの通行量の多い場所に配置する。

ロ　FRと略して表記される場合がある。

ハ　入口がカーテンのものと、扉のものがある。

ニ　バリアフリーの機能をもったタイプがある。

8　文中の（　　）内に当てはまる語句として、適切なものはどれか。

ゴンドラはゴンドラケースの略で、棚陳列やハンギング陳列などに対応できるオープン型の什器で、（　　）販売の基本什器である。

イ　コンサルティング
　　ロ　関連
　　ハ　セルフサービス
　　ニ　対面
9　店舗照明の働きに関する記述として、誤っているものはどれか。
　　イ　業種によりターゲットとする顧客や店舗環境が異なるため、それぞれの状況に応じた照明が大切である。
　　ロ　店内での顧客誘導を図るためには、魅力的な商品訴求とともにアクセントのある照明もポイントとなる。
　　ハ　同じ業態の場合は、販売方法が同一であるため、照明方法も同じにする。
　　ニ　特定の商品を差別化する方法として、照明効果の果たす役割は大きい。
10　文中の（　　）内に当てはまる語句として、適切なものはどれか。
　　（　　）とは、人間の一生を節目といわれる出来事によって区分した各々の段階のことで、一般的に幼年期、少年期、青年期、壮年期、老年期と区分するが、学生、独身、結婚期、子育て期、教育期、子供の独立期というように分類することもある。
　　イ　ライフサイクル
　　ロ　ライフケア
　　ハ　ライフステージ
　　ニ　ライフシーン
11　下図に示すネクタイの結び方はどれか。
　　イ　ブレーンノット
　　ロ　セミウインザーノット
　　ハ　ウインザーノット
　　ニ　ダブルノット
12　文中の（　　）内に当てはまる語句として、適切なものはどれか。
　　（　　）とは、内閣府が毎月実施・公表する景気に関する統計調査で、消費者

の意職、主要耐久消費財等の保有・買い替え状況、世帯の状況などの項目について行う調査で、消費者態度指数を算出し、指数が 50 以上なら良好と判断される。

イ　消費動向調査
ロ　全国企業短期経済観測調査（日銀短観）
ハ　生産動態統計調査
ニ　商業動態統計調査

13　什器を示す一般記号と意味の組み合わせのうち、誤っているものはどれか。

　　　　（一般記号）　　　　（意味）
イ　　　CT　　　　　　　カウンター
ロ　　　Sh　　　　　　　ショーケース
ハ　　　PT　　　　　　　包装台
ニ　　　Hg　　　　　　　ハンガー

14　観葉植物の写真と説明の組み合わせのうち、誤っているものはどれか。

（観葉植物の写真）

　　イ　　　　　　ロ　　　　　　ハ　　　　　　ニ

（説明）

イ　名前をベンジャミーナといい、茎がねじれていたり、編みこまれている形のものが一般的である。
ロ　名前をホンコンカポックといい、葉は斑入りと斑無しがある。
ハ　名前をアレカヤシといい、亜熱帯原産の植物で原種は 10m 以上にもなる高木である。
ニ　名前をゴールドクレストといい、針葉樹の代表的な観葉植物である。

15　下図の文様のうち、毘沙門亀甲文様はどれか。

　　　イ　　　　　　　ロ　　　　　　　ハ　　　　　　　ニ

16 文中の（　　）内に当てはまる語句の組み合わせとして、適切なものはどれか。
ロゴタイプとは、デザイン表現された（　①　）のことであり、（　②　）のデザイン戦略の一環として重要な要素の1つになっている。

　　　　（　①　）　　　　　（　②　）
イ　記号　　　　　　　セールスプロモーション
ロ　文字・文字列　　　コーポレートアイデンティティー
ハ　POP　　　　　　　店内サイン
ニ　地図　　　　　　　誘導表示

17 文中の（　　）内に当てはまる語句として、適切なものはどれか。
美的秩序の条件である形式原理の一つであり、古代エジプトの胸像やギリシャ、ローマの建築にも取り入れられてきた（　　）は、見る人に安定性や均整といった印象を与える。

イ　コントラスト
ロ　リズム
ハ　コンポジション
ニ　シンメトリー

18 ホットメルト接着剤に関する記述のうち、誤っているものはどれか。
イ　高熱で溶け、冷えると固まる固形樹脂の性質を生かした接着剤である。
ロ　接着ツールとしてグルーガンなどがある。
ハ　接着剤が固まるまで時間が数十分かかるため、接着するものを長時間固定しておく必要がある。
ニ　手芸品、段ボールの接着をはじめ、書籍の背表紙、電子部品の固定などに多用されている。

19 和紙に関する記述として、誤っているものはどれか。
イ　古来、中国から伝えられ日本で発展した紙である。
ロ　三六判、四六判などの名称は、短辺と長辺の長さをインチ寸法により表している。
ハ　美濃紙は、江戸時代には徳川御三家の専用紙とされていた。
ニ　サイズは、紙を漉くための道具の大きさによって決まり、これらの道具の大きさは統一した規格がないため、さまざまなサイズの和紙が存在する。

20 下図の①は合わせ包み、②は斜め包みを示しているが、弔事のラッピング方法

の組み合わせとして、適切なものはどれか。

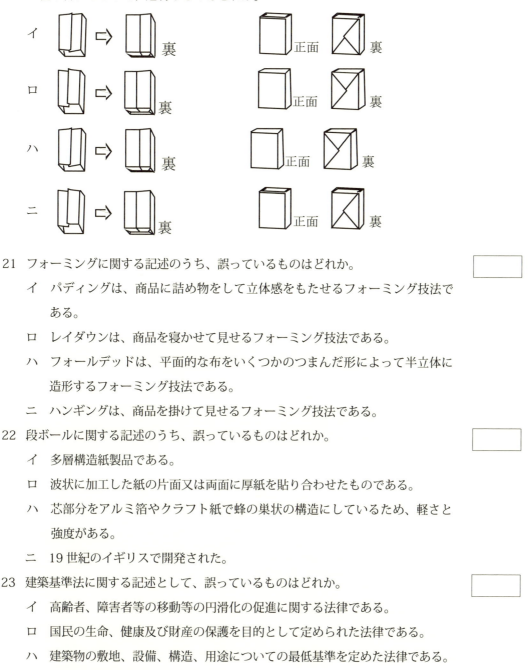

21 フォーミングに関する記述のうち、誤っているものはどれか。
　イ　パディングは、商品に詰め物をして立体感をもたせるフォーミング技法である。
　ロ　レイダウンは、商品を寝かせて見せるフォーミング技法である。
　ハ　フォールデッドは、平面的な布をいくつかのつまんだ形によって半立体に造形するフォーミング技法である。
　ニ　ハンギングは、商品を掛けて見せるフォーミング技法である。

22 段ボールに関する記述のうち、誤っているものはどれか。
　イ　多層構造紙製品である。
　ロ　波状に加工した紙の片面又は両面に厚紙を貼り合わせたものである。
　ハ　芯部分をアルミ箔やクラフト紙で蜂の巣状の構造にしているため、軽さと強度がある。
　ニ　19世紀のイギリスで開発された。

23 建築基準法に関する記述として、誤っているものはどれか。
　イ　高齢者、障害者等の移動等の円滑化の促進に関する法律である。
　ロ　国民の生命、健康及び財産の保護を目的として定められた法律である。
　ハ　建築物の敷地、設備、構造、用途についての最低基準を定めた法律である。
　ニ　建築法規の根幹を成す法律である。

24 知的財産権に関する記述として、誤っているものはどれか。
　イ　無体財産権とも呼ばれ、知的財産に対する法律上の独占権である。

ロ 文芸、美術及び学術の著作物や科学的発見、意匠、商標などに関する権利並びに産業・学術・文芸又は美術の分野における知的活動から生ずるすべての権利とされている。

ハ 物品のデザインを保護する意匠権の保護期間は、登録から15年である。

ニ 著作権法、特許法、実用新案法、意匠法などの人間の知的活動によって生じた無形の知的財産に対する財産権の総称である。

25 労働安全衛生法に関する記述として、誤っているものはどれか。

イ 快適な職場環境の形成に関連する法律である。

ロ 職場における労働者の健康を確保するための対策に関連する法律である。

ハ 安全に就業するための災害防止対策に関連する法律である。

ニ 製造物の欠陥により損害が生じた場合の製造者への対策に関連する法律である。

解答

A群〈真偽法〉

番号	1	2	3	4	5
解答	○	×	×	○	×

番号	6	7	8	9	10
解答	×	×	○	○	×

番号	11	12	13	14	15
解答	○	○	×	○	×

番号	16	17	18	19	20
解答	×	○	×	×	×

番号	21	22	23	24	25
解答	○	×	×	○	○

B群〈択一法〉

番号	1	2	3	4	5
解答	ニ	ハ	ロ	ニ	ロ

番号	6	7	8	9	10
解答	イ	イ	ハ	ハ	ハ

番号	11	12	13	14	15
解答	ハ	イ	ロ	ロ	ロ

番号	16	17	18	19	20
解答	ロ	ニ	ハ	ロ	ハ

番号	21	22	23	24	25
解答	ハ	ハ	イ	ハ	ニ

平成30年度1級学科【問題のポイント解説】

A群＜真偽法＞

問題1 ビジュアルマーチャンダイジングは文字通りマーチャンダイジングの視覚化で、マーチャンダイジングはマーケティングの中に含まれる概念であり、商品政策や商品化計画のことをいいます。

問題5　B to C とは、Business to Consumer の略語で、企業が個人に対して商品やサービスを提供する取引をいいます。一般消費者同士がインターネットなどを通じて商品などを売買することは、C to C（Consumer to Consumer）といいます。

問題6　ショッピングセンターとは、ディベロッパーにより計画、開発、所有、管理運営される商業・サービス施設の集合体で、小売業の店舗面積は1500㎡以上で、キーテナントを除くテナントが10店舗以上含まれていることが必要とされています。

問題8　AR とは Augmented Reality の略で、ありのままに知覚される情報に、デジタル合成などによって作られた情報を付加し、人間の現実認識を強化する技術のことをいいます。スマートフォンなどの携帯デバイスに AR 技術を応用する試みが始まっています。

問題10　可視光線は、一種の電磁波であり、人間の目に見える電磁波のことをいいます。長波長の可視光線は赤く、短波長の可視光線は青く見えます。そのため精肉や赤身の魚は、長波長の光を当てることで、鮮やかに見えます。

問題14　アイソメ図とは、立体を斜めから見た形を表現する図法の1つです。等角投影図のことで、X、Y、Z軸がそれぞれ等しい角度になります。

問題16　3つの平面図表示記号のうち、左は「両開き窓」、中央は「引違い戸」、右は「片開き戸」を示しています。

問題18　お使い包みは、結び目を1つ上に作る包み方です。図のような結び目を作らずに包む方法は袱紗包み、または平包みといいます。

問題19　イギリス式セッティングは、カトラリーは上向きで、デザートスプーン、フォークまでを横に並べるのが特徴です。グラスはナイフの先から三角形に並べます。
フランス式セッティングは、カトラリーを伏せておき、家紋を見えるようにするとともに、グラスをナイフの先から直線に並べることに特徴があります。

問題21　アート紙とは、表面に加工を施した美麗な紙。表面がきわめて緻密で滑らかなので、ポスターやカレンダー、書籍など高級印刷用に使われてきました。落ち着いた印刷効果を出すため、つや消しにしたものも作られています。

B群＜多肢択一法＞

問題6　ターミナルビルは、鉄道や空港のターミナルを大規模化し、商業施設など駅機能以外の機能をもたせた建物のことをいいます。多くの場合、テナントとして各種の店舗やホテルなどが入っています。ターミナルビルに入居するテナントはターミナルの利用者層に応じてさまざまであり、観光客の利用が多い場所ではターミナルビル内に地元商品、土

産物を取り揃えた店もあります。都心にある特に大規模なターミナルビルでは、商業施設やホテルなどを入居させる例も見られます。ターミナル内に展開する商業施設はエキナカと呼ばれています。

問題10 ライフサイクルとは、商品の導入期から処分期に至るまでの寿命をいいます。

ライフケアとは、人の身体上・精神上の健康管理のこと。

ライフシーンとは、生活の情景や場面をいいます。

ライフステージとは、人間の一生を節目といわれる出来事によって区分した各々の段階のことで、一般的に幼年期、少年期、青年期、壮年期、老年期と区分します。購買行動に与える影響を考え、学生、独身、結婚期、子育て期、教育期、子供の独立期というように分類することもあります。

問題12 消費動向調査とは、内閣府が毎月実施・公表する、景気に関する統計調査をいいます。「暮らし向き」「収入の増え方」「雇用環境」「耐久消費財の買い時判断」などの項目について、今後半年間の見通しを各世帯に5段階評価で尋ね、消費者態度指数を算出し、指数が50以上なら良好と判断されます。また、3ヵ月ごとに、旅行や趣味等への支出に関する調査も併せて行われます。

問題14 ロの写真は、ユッカエレファンティベスです。リュウゼツラン科ユッカ属で、原生地はメキシコ南東部（アメリカサバナ気候区）。茎は太く粗面で、樹木状に10mほどに達します。エレファンティベスの名前は、ゾウの足のように幹が太ることから付いたといわれています。

問題19 和紙は、古来、中国から伝えられ、日本で発展した紙です。サイズは、基本的には紙をすくための道具である簀桁（すきず）や桁（けた）の大きさによって決まります。これらの道具の大きさには統一した規格がなく、さまざまなサイズの和紙が存在する原因になっています。和紙の全紙（原紙）サイズとは、一般的にすいたまま裁断加工していない状態の大きさを指します。三六判、四六判などの名称は、短辺と長辺の長さを尺寸法（1尺＝30.3cm）により表しています。

改訂第3版 国家検定
商品装飾展示技能検定
ガイドブック

PART 3
技能検定受検の手引き

技能検定制度とは

1. 技能検定の概要

　厚生労働省の「技能検定のあらまし」によれば、技能検定とは「働く人々の有する技能を一定の基準によって検定し、国として証明する技能の国家検定制度」です。技能についての社会的評価を高め、技能者の地位向上を目的に、職業能力開発促進法に基づいて実施されています。技能検定は1959年に開始されて以来、現在137職種について実施されています。

　「商品装飾展示」技能検定は1986年度にまず1級、2級が実施され、翌1987年度から合格者が出ています。1998年度前期より、従来の1級、2級に加えて3級が新設されました。過去の受検状況は別表（175頁）のようになります。

2. 技能検定の実施機関

　技能検定は、国（厚生労働省）が定めた実施計画に基づいて、試験問題等の作成は中央職業能力開発協会が、試験の実施は各都道府県が、それぞれ行います。

　また、各都道府県の業務のうち、受検申請書の受付や試験実施等の業務は、各都道府県職業能力開発協会が行っています。

3. 技能検定の等級区分

　技能検定には現在、特級、1級、2級、3級に区分するものと、単一等級として等級を区分しないものがあります。それぞれの試験の程度は次のとおりです。

　　特級 …… 管理者または監督者が通常有すべき技能の程度
　　1級及び 単一等級 …… 上級技能者対象（実務経験7年以上）
　　2級 …… 中級技能者対象（実務経験2年以上）
　　3級 …… 初級技能者対象（実務経験6ヵ月以上）
　（注：「商品装飾展示」技能検定は現在、1級、2級、3級に区分して実施）。

　技能検定の合格者には、厚生労働大臣（特級、1級、単一等級）、または都道府県知事（2級、3級）の合格証書が交付され、「技能士」と称することができます。

4. 技能検定試験の実施日程

　「商品装飾展示」技能検定試験は、前期に実施します。日程は、概ね次のとおりです。

- 実施公示 3月上旬
- 受検申請受付 4月上旬～4月中旬…各都道府県職業能力開発協会で受付
- 実技試験問題公表 6月上旬…各都道府県職業能力開発協会が公表
- 実技試験 6月上旬～9月上旬
- 学科試験 8月下旬～9月上旬
- 合格発表 9月上旬（3級）・10月上旬……各都道府県庁が発表

5. 受検手数料

　平成29年度後期より、ものづくり分野に従事する若者の確保・育成を目的として、2級または3級の実技試験を受検される方の受検手数料が9,000円減額されました。令和元年度においては、平成31年4月1日時点で34歳以下の方（1984年・昭和59年4月2日以降に生まれた方）が減額の対象となります。

　受検手数料の詳細については、下表の通りです。

受検する級	年齢	実技・学科受検	実技のみ受検	学科のみ受検
1級	全年齢	21,000円	17,900円	3,100円
2級	35歳以上	21,000円	17,900円	〃
〃	34歳以下	12,000円	8,900円	〃
3級	35歳以上	21,000円	12,000円	〃
〃	34歳以下	12,000円	8,900円	〃
在校生・訓練生	35歳以上	15,000円	11,900円	〃
〃	34歳以下	6,000円	2,900円	〃

　在校生・訓練生とは次のいずれかに該当する方をいいます。なお、対象者は受検申請時に生徒手帳または学生証（科目名・コース名等が確認できるものに限る）を提示してください。
① 高等学校、中等教育学校の後期課程、特別支援学校の高等部、高等専門学校、短期大学、大学、専修学校、各種学校の在校生
② 公共職業能力開発施設または認定職業訓練施設の訓練生（就職している者を除く）
③ 職業能力開発総合大学校の在校生（就職している者を除く）

6. 受検資格

　原則として、検定職種についての実務経験が必要です。その期間は、学歴や職業訓練歴等により規定されています。現在は受検資格要件が大幅に緩和されています。実務経験のみで受検する場合は、1級は7年、2級は2年ですが、1級は2級合格後の場合2年で、3級合格後の場合は4年で受検できます。また3級の場合、「商品装飾展示」技能検定については、専門学校・専門高校、専門学科のある大学などの在学生（1年生を含む在学生）は実務経験なしで受検可能となります。各年度、「受検案内」が発行されますので、詳しくは検定を実施する各都道府県の職業能力開発協会へお問い合わせください。

7. 申請受付の条件

　申請受付の条件は以下のとおりです。
　1．受付期間中に申請していること。
　2．受検資格があること。
　3．記入（又は入力）漏れ、又は誤りがないこと。
　4．所定の受検手数料が、所定の期日までに納付されていること。
　5．受検申請書（写真票）又は受検票に、必要枚数の写真（6ヵ月以内の正面脱帽半身像）が貼付されていること。
　6．試験の免除を受けようとする方は、その職種（作業）に関する免除資格を証明する書面（写し）があること。
　7．必要な証明書類が添付されていること。

お問い合わせは
●厚生労働省ホームページ
　（職業能力開発局　技能振興課　関係情報）　http://www.mhlw.go.jp/
●中央職業能力開発協会ホームページ　　　　http://javada.or.jp/
●日本ビジュアルマーチャンダイジング協会　連絡事務局
　　　　　　　　　　　　　　　　　　ホームページ　http://www.javma.com/
　　　　　　　　　　　　　　　　　　e‐mail　vmd@nifty.com　kentei@nifty.com

昭和61～平成30年度（1986～2018年度）商品装飾展示（商品装飾展示作業）技能検定受検状況

級別 年度別		1級 申請者	申・累計	合格者	合・累計	2級 申請者	申・累計	合格者	合・累計	3級 申請者	申・累計	合格者	合・累計	合計 申請者	申・累計	合格者	合・累計
1986-1996	全国		218		71		1,815		1,186						2,033		1,257
	東京		78		37		756		535						834		572
1997	全国	23	241	4	75	236	2,051	171	1,357					259	2,292	175	1,432
	東京	12	90	3	40	76	832	55	590					88	922	58	630
1998	全国	18	259	7	82	70	2,121	49	1,406	140	140	105	105	228	2,520	161	1,593
	東京	1	91	1	41	15	847	10	600	110	110	78	78	126	1,048	89	719
1999	全国	25	284	6	88	138	2,259	87	1,493	234	374	173	278	397	2,917	266	1,859
	東京	7	98	1	42	39	886	28	628	123	233	102	180	169	1,217	131	850
2000	全国	29	313	7	95	131	2,390	88	1,581	319	693	218	496	479	3,396	313	2,172
	東京	15	113	5	47	33	919	25	653	141	374	104	284	189	1,406	134	984
2001	全国	32	345	11	106	124	2,514	90	1,671	283	976	219	715	439	3,835	320	2,492
	東京	18	131	8	55	43	962	35	688	115	489	96	380	176	1,582	139	1,123
2002	全国	24	369	5	111	85	2,599	45	1,716	255	1,231	184	899	364	4,199	234	2,726
	東京	11	142	2	57	35	997	9	697	46	535	39	419	92	1,674	50	1,173
2003	全国	25	394	10	121	51	2,650	36	1,752	231	1,462	178	1,077	307	4,506	224	2,950
	東京	6	148	2	59	17	1,014	14	711	28	563	22	441	51	1,725	38	1,211
2004	全国	23	417	5	126	49	2,699	24	1,776	391	1,853	240	1,317	463	4,969	269	3,219
	東京	7	155	4	63	17	1,031	10	721	87	650	71	512	111	1,836	85	1,296
2005	全国	16	433	4	130	41	2,740	28	1,804	402	2,255	308	1,625	459	5,428	340	3,559
	東京	2	157	0	63	15	1,046	11	732	138	788	103	615	155	1,991	114	1,410
2006	全国	22	455	13	143	46	2,786	40	1,844	368	2,623	296	1,921	436	5,864	349	3,908
	東京	9	166	6	69	15	1,061	15	747	121	909	96	711	145	2,136	117	1,527
2007	全国	21	476	5	148	84	2,870	69	1,913	323	2,946	291	2,212	428	6,292	365	4,273
	東京	6	172	0	69	19	1,080	15	762	80	989	74	785	105	2,241	89	1,616
2008	全国	18	494	9	157	106	2,976	88	2,001	280	3,226	207	2,419	404	6,696	304	4,577
	東京	9	181	7	76	21	1,101	14	776	45	1,034	34	819	75	2,316	55	1,671
2009	全国	12	506	8	165	84	3,060	68	2,069	313	3,539	208	2,627	409	7,105	284	4,861
	東京	4	185	2	78	32	1,133	25	801	73	1,107	55	874	109	2,425	82	1,753
2010	全国	24	530	8	173	68	3,128	55	2,124	300	3,839	231	2,858	392	7,497	294	5,155
	東京	14	199	6	84	23	1,156	20	821	69	1,176	57	931	106	2,531	83	1,836
2011	全国	13	543	1	174	53	3,181	42	2,166	294	4,133	240	3,098	360	7,857	283	5,438
	東京	5	204	1	85	14	1,170	11	832	48	1,224	38	969	67	2,598	50	1,886
2012	全国	12	555	6	180	50	3,231	39	2,205	328	4,461	262	3,360	390	8,247	307	5,745
	東京	7	211	3	88	16	1,186	13	845	101	1,325	82	1,051	124	2,722	98	1,984
2013	全国	10	565	2	182	68	3,299	53	2,258	352	4,813	277	3,637	430	8,677	332	6,077
	東京	6	217	0	88	35	1,221	28	873	96	1,421	71	1,122	137	2,859	99	2,083
2014	全国	19	584	11	193	40	3,339	31	2,289	232	5,045	161	3,798	291	8,968	203	6,280
	東京	14	231	10	98	13	1,234	13	886	54	1,475	36	1,158	81	2,940	59	2,142
2015	全国	15	599	8	201	32	3,371	28	2,317	249	5,294	176	3,974	296	9,264	212	6,492
	東京	10	241	6	104	21	1,255	19	905	82	1,557	49	1,207	113	3,053	74	2,216
2016	全国	15	614	9	210	57	3,428	50	2,367	265	5,559	211	4,185	337	9,601	270	6,762
	東京	12	253	8	112	29	1,284	24	929	86	1,643	64	1,271	127	3,180	96	2,312
2017	全国	12	626	6	216	33	3,461	28	2,395	301	5,860	226	4,411	346	9,947	260	7,022
	東京	8	261	3	115	19	1,303	15	944	87	1,730	71	1,342	114	3,294	89	2,401
2018	全国	16	642	8	224	44	3,505	30	2,425	336	6,196	251	4,662	396	10,343	289	7,311
	東京	8	269	3	118	29	1,332	23	967	92	1,822	64	1,406	129	3,423	90	2,491
累計	全国		642		224		3,505		2,425		6,196		4,662		10,343		7,311
	東京		269		118		1,332		967		1,822		1,406		3,423		2,491

平成 21〜30 年度　商品装飾展示 (商品装飾展示作業)　技能検定実施公示状況

<1級・2級>

年度	職種	作業	北海道	青森	岩手	宮城	秋田	山形	福島	茨城	栃木	群馬	埼玉	千葉	東京	神奈川	新潟	富山	石川	福井	山梨	長野
21	商品装飾展示	商品装飾展示	●												●				●	●		
22	商品装飾展示	商品装飾展示	●												●					●		
23	商品装飾展示	商品装飾展示	●												●					●		
24	商品装飾展示	商品装飾展示	●												●				●	●		
25	商品装飾展示	商品装飾展示	●												●							
26	商品装飾展示	商品装飾展示	●					●							●					●		
27	商品装飾展示	商品装飾展示	●					●							●				●	●		
28	商品装飾展示	商品装飾展示	●					●							●				●			
29	商品装飾展示	商品装飾展示	●					●							●				●			
30	商品装飾展示	商品装飾展示	●												●							

<3級>

年度	職種	作業	北海道	青森	岩手	宮城	秋田	山形	福島	茨城	栃木	群馬	埼玉	千葉	東京	神奈川	新潟	富山	石川	福井	山梨	長野
21	商品装飾展示	商品装飾展示	●						●			●	●		●		●		●	●	●	
22	商品装飾展示	商品装飾展示	●						●			●	●		●		●	●	●	●	●	
23	商品装飾展示	商品装飾展示	●									●	●		●		●		●	●	●	
24	商品装飾展示	商品装飾展示	●									●	●		●		●		●	●	●	
25	商品装飾展示	商品装飾展示	●					●				●	●		●		●		●	●		
26	商品装飾展示	商品装飾展示	●					●				●	●		●				●			
27	商品装飾展示	商品装飾展示	●					●				●	●		●		●		●	●		
28	商品装飾展示	商品装飾展示	●					●				●	●		●					●		
29	商品装飾展示	商品装飾展示	●					●				●	●		●		●					
30	商品装飾展示	商品装飾展示	●					●				●	●		●		●					

静岡	愛知	三重	滋賀	京都	大阪	兵庫	奈良	和歌山	鳥取	島根	岡山	広島	山口	徳島	香川	愛媛	高知	福岡	佐賀	長崎	熊本	大分	宮崎	鹿児島	沖縄
●	●				●	●					●					●	●	●							
●	●				●						●					●	●	●							
●	●				●	●										●	●	●							
●	●				●											●	●	●							
●	●				●											●	●	●							
●	●				●											●	●	●							
●	●				●											●	●								
●	●				●											●	●								
●	●				●											●	●								
●	●				●											●	●								

静岡	愛知	三重	滋賀	京都	大阪	兵庫	奈良	和歌山	鳥取	島根	岡山	広島	山口	徳島	香川	愛媛	高知	福岡	佐賀	長崎	熊本	大分	宮崎	鹿児島	沖縄
●	●				●	●					●					●	●								
●	●				●						●					●	●								
●	●				●	●					●					●	●								
●	●				●		●				●					●	●								
●	●				●						●					●	●								
●	●				●						●					●	●								
●	●				●						●					●	●								
●	●				●						●					●	●								
●	●				●						●					●	●								
●	●				●						●					●	●								

「商品装飾展示」技能検定 Q＆A

Q「商品装飾展示」とはどんな仕事でしょうか？
A 商品装飾展示という呼称は古風ですが、実際には時代の先端を行く新しい仕事です。マーチャンダイジング（商品政策や商品計画）を明確に視覚伝達するために、ビジュアルマーチャンダイジング（VMD）の知識と、感性と、商品を見せる技術（MP）を融合・駆使して、商品を効果的に陳列・演出・表現し、お客さまに快適な買い物を提供する魅力ある店づくり・売場演出をする仕事です。

Q 商品装飾展示技能士に類似した呼称はありますか？
A デコレーター、ディスプレイデコレーター、ディスプレイコーディネイター、エタラジスト、ビジュアルコーディネイター、VMDコーディネイター、ビジュアルマーチャンダイザーなど、欧米の専門家の呼称とともに、日本で生まれたものもいくつかあります。

Q 商品装飾展示分野のプロの仕事の内容は？
A 商品政策・商品計画の視覚情報伝達を意図し、センスと技術・技能を駆使して視覚効果のある売場を作り上げます。また、ファッションコーディネイト、テーブルコーディネイトなどの方法をビジュアルプレゼンテーションで示したり、感性のあるライフスタイルを具体的に表現します。そして商品情報をビジュアル化し、商品を分かりやすく魅力的に提示します。さらに消費者と供給者の仲立ち役として、お客さまにとって見やすく、買いやすい商品プレゼンテーションを行います。

Q 検定の申し込みや受検資料の請求先を教えてください。
A 各都道府県にある職業能力開発協会です（180〜183頁）。

Q 受検の資格はどのようなものでしょうか。
A 性別、年齢、国籍の制限はありません。実務経験・学歴の規定は174頁の通りです。

Q 受検準備には、どのようなことを勉強すればよいのでしょうか？
A 厚生労働省職業能力開発局による「商品装飾展示技能検定試験の試験科目及びその範囲並びにその細目」（184〜192頁）を見ても分かるように、「商品装飾展示」の日常の仕事にかかわったことが出題されることに留意した勉強をお勧めします。

Q 学科試験の出題範囲が広くて準備に戸惑いがありますが、受検準備の方法は？
A 厚生労働省職業能力開発局が示した、「商品装飾展示技能検定試験の試験科目及びその範囲並びにその細目」にある各項目について、まず「商品装飾展示」という分野に深くかかわった、基本的で重要な事柄に焦点を合わせて準備するのが、ポイントでしょう。特にビジュアルマーチャンダイジング（VMD）に関する知識は重要です。また、商品、商業施設、販売促進、アート、デザイン、マーケティングなどに関する知識も要求されます。さらに、社会動向、季節、風習など、一般常識として知らなくてはならない事柄は、専門家になるためにも基本的な素養ですから、常日頃の修練が必要です。

Q 実技試験には、どのような問題が出ますか？
A 商品のプレゼンテーションに必要な、技術と技能の基本を組み合わせたものです。限られた条件下で、素養と出来映えを見るためには、現実の売場におけるプレゼンテーションの再現というより、素養と適性が表れる特別なセットになっているようです。さまざまな要請、どのような課題にも応じられるよう基本の技能が備わっているか、を見るためのものとなっているようです。

Q 技能検定の合否基準は、どのくらいでしょうか？
A 都道府県が実施する特級、1級、2級、3級、単一等級の技能検定の実技試験及び学科試験の合否基準は、100点満点として、原則として、実技試験においては60点以上、学科試験においては65点以上です。

日本ビジュアルマーチャンダイジング協会は、事業活動の一環として厚生労働省「商品装飾展示」技能検定について、VMDに関する能力開発及び人材育成のために、専門的な立場から支援をしています。「商品装飾展示」技能検定についての協会の支援活動は、以下のとおりです。
- 厚生労働省（中央職業能力開発協会）への協力
- 要請に対応しての中央検定委員の派遣、その他
- 都道府県職業能力開発協会への協力
- 要請に対応しての検定委員の派遣、その他
- 東京都「商品装飾展示」技能検定試験の実施への協力、都検定委員の派遣、その他
- VMD用語事典、問題集等、受検対策参考書の編集・出版
- 受検相談と受検案内、その他

都道府県職業能力開発協会リスト

番号	協会名	郵便番号	所在地
1	北海道	003-0005	札幌市白石区東札幌5条1丁目1-2　北海道立職業能力開発支援センター内
2	青森県	030-0122	青森県青森市大字野尻字今田43-1　県立青森高等技術専門校内
3	岩手県	028-3615	紫波郡矢巾町南矢幅10-3-1　岩手県立産業技術短期大学校内
4	宮城県	981-0916	仙台市青葉区青葉町16-1
5	秋田県	010-1601	秋田市向浜1-2-1　秋田県職業訓練センター内
6	山形県	990-2473	山形市松栄2-2-1
7	福島県	960-8043	福島市中町8-2　福島県自治会館5F
8	茨城県	960-8043	水戸市水府町864-4　茨城県職業人材育成センター内
9	栃木県	320-0032	宇都宮市昭和1-3-10　栃木県庁舎西別館
10	群馬県	372-0801	伊勢崎市宮子町1211-1
11	埼玉県	330-0074	さいたま市浦和区北浦和5-6-5　埼玉県浦和合同庁舎5F
12	千葉県	261-0026	千葉市美浜区幕張西4-1-10
13	東京都	102-8113	千代田区飯田橋3-10-3　東京しごとセンター7F
14	神奈川県	231-0026	横浜市中区寿町1-4　かながわ労働プラザ内
15	新潟県	950-0965	新潟市中央区新光町15-2　新潟県公社総合ビル4F
16	富山県	930-0094	富山市安住町7-18　安住町第一生命ビル2F
17	石川県	920-0862	金沢市芳斉1-15-15　石川県職業能力開発プラザ3F
18	福井県	910-0003	福井市松本3丁目16番10号　福井県職員会館ビル4階
19	山梨県	400-0055	甲府市大津町2130-2
20	長野県	380-0836	長野市大字南長野南県町688-2　長野県婦人会館3F
21	岐阜県	502-0841	岐阜県各務原市テクノプラザ1-18
22	静岡県	424-0881	静岡市清水区楠160
23	愛知県	451-0035	名古屋市西区浅間2-3-14
24	三重県	514-0004	津市栄町1-954　三重県栄町庁舎4F
25	滋賀県	520-0865	大津市南郷5-2-14

TEL	FAX	URL	E-mail
011-825-2385	011-825-2390	http://www.h-syokunou.or.jp/	
017-738-5561	017-738-5551	http://www.a-noukaikyo.com/	kentei@h-syokunou.or.jp
019-613-4620	019-613-4623	http://www.noukai.com/	info@a-noukaikyo.com
022-271-9260	022-271-9242	http://www.miyagi-syokunou-kyoukai.com	iwate@noukai.com
018-862-3510	018-824-2052	http://www.akita-shokunou.org/	
023-644-8562	023-644-2865	http://www.y-kaihatu.jp/	
024-525-8681	024-523-5131	http://business2.plala.or.jp/fuvada/	
029-221-8647	029-226-4705	http://www.ib-syokkyo.com/	
028-643-7002	028-600-4321	http://www.tochi-vada.or.jp/	
0270-23-7761	0270-21-0568	http://www.gvada.jp/index.html	
048-829-2801	048-825-6481	http://www.saitama-vada.or.jp/	saitama-kentei@saitama-vada.or.jp
043-296-1150	043-296-1186	http://www.chivada.or.jp/	
03-5211-2350	03-5211-2358	http://www.tokyo-vada.or.jp/	
045-633-5420	045-633-5421	http://www.kan-nokaikyo.or.jp/	
025-283-2155	025-283-2156	http://www.nvada.com/	
076-432-9883	076-432-9894	http://www.toyama-noukai.or.jp/	
076-262-9020	076-262-3913	http://www.ishivada.com/	
0776-27-6360	0776-27-2060	http://www.fukui-shokunou.jp/	
055-243-4916	055-243-4919	http://www.yavada.jp/	
026-234-9050	026-234-9280	http://www.navada.or.jp/	
058-260-8686	058-260-8690	http://www.gifu-shokunou.or.jp/	
054-345-9377	054-345-2397	http://shivada.com/	
052-524-2031	052-524-2036	http://www.avada.or.jp/	
059-228-2732	059-228-1134	http://www.mivada.or.jp/	
077-533-0850	077-537-6540	http://www.shiga-nokaikyo.or.jp/	

都道府県職業能力開発協会リスト

番号	協会名	郵便番号	所在地
26	京都府	612-8416	京都市伏見区竹田流池町121-3　京都府立京都高等技術専門校内
27	大阪府	550-0011	大阪市西区阿波座2-1-1　大阪本町西第一ビルディング6F
28	兵庫県	650-0011	神戸市中央区下山手通6-3-30　兵庫勤労福祉センター1F
29	奈良県	630-8213	奈良市登大路町38-1　奈良県中小企業会館2F
30	和歌山県	640-8272	和歌山市砂山南3-3-38　和歌山技能センター内
31	鳥取県	680-0845	鳥取市富安2-159 久本ビル5F
32	島根県	690-0048	松江市西嫁島1-4-5 SPビル2F
33	岡山県	700-0824	岡山市北区内山下2-3-10
34	広島県	730-0052	広島市中区千田町3-7-47　広島県情報プラザ5F
35	山口県	753-0051	山口県山口市旭通り 2-9-19　山口建設ビル3Ｆ
36	徳島県	770-8006	徳島市新浜町1-1-7
37	香川県	761-8031	高松市郷東町587-1　地域職業訓練センター内
38	愛媛県	791-1101	松山市久米窪田町487-2　愛媛県産業技術研究所管理棟2F
39	高知県	781-5101	高知市布師田3992-4
40	福岡県	813-0044	福岡市東区千早5-3-1　福岡人材開発センター2F
41	佐賀県	840-0814	佐賀市成章町1-15
42	長崎県	851-2127	西彼杵郡長与町高田郷547-21
43	熊本県	861-2202	上益城郡益城町田原2081-10　電子応用機械技術研究所内
44	大分県	870-1141	大分市大字下宗方字古川1035-1　大分職業訓練センター内
45	宮崎県	889-2155	宮崎市学園木花台西2-4-3
46	鹿児島県	892-0836	鹿児島市錦江町9-14
47	沖縄県	900-0036	那覇市西3-14-1

※中央職業能力開発協会　〒160-8327　新宿区西新宿7-5-25　西新宿プライムスクエア11階

TEL	FAX	URL	E-mail
075-642-5075	075-642-5085	http://www.kyo-noukai.com/	soumu@kyo-noukai.com
06-6534-7510	06-6534-7511	http://www.osaka-noukai.jp/	
078-371-2091	078-371-2095	http://www.noukai-hyogo.jp/	syokunou@noukai-hyogo.jp
0742-24-4127	0742-23-7690	http://www.aaa.nara.nara.jp/	
073-425-4555	073-425-4773	http://w-syokunou.com/	
0857-22-3494	0857-21-6020	http://www.hal.ne.jp/syokunou/	syokunou@hal.ne.jp
0852-23-1755	0852-22-3404	http://www.noukai-shimane.or.jp/	
086-225-1546	086-234-1806	http://www.okayama-syokunou.or.jp/	nfo@okayama-syokunou.or.jp
082-245-4020	082-245-4858	http://www.hirovada.or.jp/	
083-922-8646	083-922-9761	http://y-syokunou.com/	info@y-syokunou.com
088-663-2316	088-662-0303	http://www.tokunoukai.jp/	mail@tokunoukai.jp
087-882-2854	087-882-2962	http://www.noukai-kagawa.or.jp/	
089-993-7301	089-993-7302	http://nokai.bp-ehime.or.jp/	info-enk@ehime-noukai.or.jp
088-846-2300	088-846-2302	http://www.kovada.or.jp/	
092-671-1238	092-671-1354	http://www.fukuoka-noukai.or.jp/	
0952-24-6408	0952-24-5479	http://www.saga-noukai.or.jp/	
095-894-9971	095-894-9972	http://www.nagasaki-noukai.or.jp/	
096-285-5818	096-285-5812	http://www.noukai.or.jp/	
097-542-3651	097-542-0996	http://www.noukai-oita.com/	shokunou@noukai-oita.com
0985-58-1570	0985-58-1554	http://www.syokuno.or.jp/	
099-226-3240	099-222-8020	http://www.syokunou.or.jp/	
098-862-4278	098-866-4964	http://www.oki-vada.or.jp/	

TEL.03-6758-2859 FAX.03-6758-2861 http://www.javada.or.jp

［付録］商品装飾展示技能検定試験の試験科目及びその範囲並びにその細目

1　1級商品装飾展示技能検定試験の試験科目及びその範囲並びにその細目
　(1) 技能検定試験の合格に必要な技能及びこれに関する知識の程度
　　　商品装飾展示の職種における上級の技能者が通常有すべき技能及びこれに関する知識の程度を基準とする。
　(2) 試験科目及びその範囲
　　　下表の左欄のとおりである。
　(3) 試験科目及びその範囲の細目
　　　下表の右欄のとおりである。

試験科目及びその範囲	試験科目及びその範囲の細目
学科試験 1．商品装飾展示一般 　ビジュアルマーチャンダイジング	ビジュアルマーチャンダイジング（VMD）に関し、次に掲げる事項について詳細な知識を有すること。 (1) マーチャンダイジング（MD） (2) ビジュアルプレゼンテーション（VP） (3) ポイントオブセールスプレゼンテーション（PP） (4) アイテムプレゼンテーション（IP）
商品の販売促進計画	1．販売促進の方法及び特徴について一般的な知識を有すること。 2．販売促進に関し、次に掲げる事項について詳細な知識を有すること。 　　(1) 販売計画　(2) 催事計画　(3) その他
商品装飾展示が行われる業態、業種及びそれらの特徴	次に掲げる商品装飾展示が行われる業態、業種及びそれらの特徴について一般的な知識を有すること。 (1) ショッピングセンター　　(2) 百貨店 (3) スーパー　(4) 専門店　(5) 一般小売店 (6) メーカー及び問屋　　(7) その他
展示場所の種類、特徴及び使用方法	次に掲げる展示場所の種類、特徴及び使用方法について詳細な知識を有すること。 (1) ショーウインドウ　(2) ステージ　(3) 壁　面 (4) 柱　(5) シーリング（天井空間）　(6) テーブル (7) ショーケース　(8) 棚　(9) ゴンドラ (10) ワゴン　(11) その他
売場の構成及び機能	売場の構成及び機能に関し、次に掲げる事項について一般的な知識を有すること。 (1) 売場構成に関する事項 　イ．什器　　ロ．器具　　ハ．照明　　ニ．小道具

試験科目及びその範囲	試験科目及びその範囲の細目
2．商品装飾展示法、 　　商品装飾展示の基礎知識	(2) 売場機能に関する事項 　　　イ．導線　　ロ．配置　　ハ．空間構成 1．商品装飾展示の用語について詳細な知識を有すること。 2．商品特性について詳細な知識を有すること。 3．商品装飾展示の基礎知識に関し、次に掲げる事項について一般的な知識を有すること。 　　　(1) 消費動向　　　　　(2) ライフスタイル 　　　(3) ファッション動向　(4) 購買行動
商品装飾展示のデザイン	1．デザインの基礎に関し、次に掲げる事項について一般的な知識を有すること。 　　　(1) 造形の要素　　　　(2) 造形の様式 　　　(3) 色彩の機能及び効果　(4) 照明の機能及び効果 　　　(5) 視覚の法則 2．プラン及びデザインに関し、次に掲げる事項について詳細な知識を有すること。 　　　(1) プラン及びデザインに関する図面の読図 　　　(2) 使用記号　　　　(3) 商品特性の表現 　　　(4) イメージスケッチ　(5) 作業プランの作成及び段取り 　　　(6) 見積り　　　　　(7) 商品等のセレクト
商品装飾展示に使用する用具、 用材の種類、用途及び使用方法	1．次に掲げる商品装飾展示に使用する用具の種類、用途及び使用方法について詳細な知識を有すること。 　　　(1) ガンタッカー　(2) ニッパー　　(3) ペンチ 　　　(4) 金づち　　　　(5) はさみ　　　(6) カッター 　　　(7) メジャー　　　(8) ピンクッション 　　　(9) スケッチ用具　(10) その他 2．次に掲げる商品装飾展示に使用する用材の種類、用途及び使用方法について詳細な知識を有すること。 　　　(1) ピ　ン　(2) テグス　(3) 接着剤　(4) テープ 　　　(5) クリップ　(6) 紙　　　(7) その他
装飾展示の方法	次に掲げる装飾展示の方法について詳細な知識を有すること。 　　　(1) ピニング（ピンワーク、ピンナップ） 　　　(2) テグスワーク　　(3) パディング 　　　(4) ハンギング　　　(5) レイダウン（置き方） 　　　(6) 包　装　　　　　(7) その他のフォーミング

試験科目及びその範囲	試験科目及びその範囲の細目
3. 材　料 　　商品装飾展示に使用する材料の種類、用途及び使用方法	(2) 次に掲げる商品装飾展示に使用する材料の種類、用途 　　及び使用方法について詳細な知識を有すること。 　(1) 布　　(2) リボン　　(3) ロープ 　(4) 紙　　(5) その他
4. 関係法規 　　消防法（昭和23年法律第186号）関係法令、建築基準法（昭和25年法律第201号）関係法令、著作権法（昭和45年法律第48号）関係法令、製造物責任法（平成6年法律第85号）関係法令、大規模小売店舗立地法（平成10年法律第91号）関係法令のうち、商品装飾展示に関する部分	1. デザインの知的財産権について一般的な知識を有すること。 2. 次に掲げる法令のうち、商品装飾展示に関する部分について一般的な知識を有すること。 　(1) 製造物責任法　　(2) 消防法　　(3) 建築基準法 　(4) 大規模小売店舗立地法
5. 安全衛生 　　安全衛生に関する詳細な知識	1. 商品装飾展示作業に伴う安全衛生に関し、次に掲げる事項について詳細な知識を有すること。 　(1) 用具の危険性及び取扱い方法 　(2) 作業手順 　(3) 作業開始時の点検 　(4) 整理整頓及び清潔の保持 　(5) 事故時等における応急措置及び退避 　(6) その他商品装飾展示作業に関する安全又は衛生のために必要な事項 2. 労働安全衛生法関係法令（商品装飾展示作業に関する部分に限る）について詳細な知識を有すること。
実　技　試　験 商品装飾展示作業 スケッチ デザイン 装飾展示	1. ビジュアルプレゼンテーションの立案ができること。 2. 一点透視図及び平面図が描けること。 　　商品装飾展示のデザインができること。 1. 商品特性に基づくプレゼンテーションができること。 2. ピニング（ピンワーク、ピンナップ）、テグスワーク、パディング、ハンギング、レイダウン、その他のフォーミング等による商品のビジュアルプレゼンテーションができること。

2 2級商品装飾展示技能検定試験の試験科目及びその範囲並びにその細目
 (1) 技能検定試験の合格に必要な技能及びこれに関する知識の程度
　　商品装飾展示の職種における中級の技能者が通常有すべき技能及びこれに関する知識の程度を基準とする。
 (2) 試験科目及びその範囲
　　下表の左欄のとおりである。
 (3) 試験科目及びその範囲の細目
　　下表の右欄のとおりである。

試験科目及びその範囲	試験科目及びその範囲の細目
学 科 試 験	
1.商品装飾展示一般 　ビジュアルマーチャンダイジング	ビジュアルマーチャンダイジング（VMD）に関し、次に掲げる事項について一般的な知識を有すること。 　(1) マーチャンダイジング（MD） 　(2) ビジュアルプレゼンテーション（VP） 　(3) ポイントオブセールスプレゼンテーション（PP） 　(4) アイテムプレゼンテーション（IP）
商品の販売促進計画	1.販売促進の方法及び特徴について一般的な知識を有すること。 2.販売促進に関し、次に掲げる事項について一般的な知識を有すること。 　(1) 販売計画　　(2) 催事計画　　(3) その他
商品装飾展示が行われる業態、 　業種及びそれらの特徴	次に掲げる商品装飾展示が行われる業態、業種及びそれらの特徴について一般的な知識を有すること。 　(1) ショッピングセンター　　(2) 百貨店 　(3) スーパー　 (4) 専門店　 (5) 一般小売店 　(6) メーカー及び問屋　　(7) その他
展示場所の種類、特徴及び 　使用方法	次に掲げる展示場所の種類、特徴及び使用方法について一般的な知識を有すること。 　(1) ショーウインドウ　 (2) ステージ　 (3) 壁　面 　(4) 柱　 (5) シーリング（天井空間）　 (6) テーブル 　(7) ショーケース　 (8) 棚　 (9) ゴンドラ 　(10) ワゴン　 (11) その他
売場の構成及び機能	売場の構成及び機能に関し、次に掲げる事項について概略の知識を有すること。 　(1) 売場構成に関する事項 　　イ．什器　　ロ．器具　　ハ．照明　　ニ．小道具

試験科目及びその範囲	試験科目及びその範囲の細目
2.商品装飾展示法、 　商品装飾展示の基礎知識	(2) 売場機能に関する事項 　　イ．導線　　ロ．配置　　ハ．空間構成 1.商品装飾展示の用語について詳細な知識を有すること。 2.商品特性について一般的な知識を有すること。 3.商品装飾展示の基礎知識に関し、次に掲げる事項について一般的な知識を有すること。 　(1) 消費動向　　　　　(2) ライフスタイル 　(3) ファッション動向　(4) 購買行動
商品装飾展示のデザイン	1.デザインの基礎に関し、次に掲げる事項について概略の知識を有すること。 　(1) 造形の要素　　　　(2) 造形の様式 　(3) 色彩の機能及び効果　(4) 照明の機能及び効果 　(5) 視覚の法則 2.プラン及びデザインに関し、次に掲げる事項について一般的な知識を有すること。 　(1) プラン及びデザインに関する図面の読図 　(2) 使用記号　　　　　(3) 商品特性の表現 　(4) イメージスケッチ　(5) 作業プランの作成及び段取り 　(6) 見積り　　　　　　(7) 商品等のセレクト
商品装飾展示に使用する用具、 用材の種類、用途及び使用方法	1.次に掲げる商品装飾展示に使用する用具の種類、用途及び使用方法について詳細な知識を有すること。 　(1) ガンタッカー　(2) ニッパー　　(3) ペンチ 　(4) 金づち　　　　(5) はさみ　　　(6) カッター 　(7) メジャー　　　(8) ピンクッション 　(9) スケッチ用具　(10) その他 2.次に掲げる商品装飾展示に使用する用材の種類、用途及び使用方法について詳細な知識を有すること。 　(1) ピ　ン　　(2) テグス　　(3) 接着剤　　(4) テープ 　(5) クリップ　(6) 紙　　　　(7) その他
装飾展示の方法	次に掲げる装飾展示の方法について詳細な知識を有すること。 　(1) ピニング（ピンワーク、ピンナップ） 　(2) テグスワーク　　(3) パディング 　(4) ハンギング　　　(5) レイダウン（置き方） 　(6) 包　装　　　　　(7) その他のフォーミング

試験科目及びその範囲	試験科目及びその範囲の細目
3．材　料 　　商品装飾展示に使用する材料の種類、用途及び使用方法	次に掲げる商品装飾展示に使用する材料の種類、用途及び使用方法について一般的な知識を有すること。 　(1) 布　　(2) リボン　　(3) ロープ 　(4) 紙　　(5) その他
4．関係法規 　　消防法関係法令、著作権法関係法令及び製造物責任法関係法令のうち、商品装飾展示に関する部分	1．デザインの知的財産権について一般的な知識を有すること。 2．次に掲げる法令のうち、商品装飾展示に関する部分について一般的な知識を有すること。 　(1) 製造物責任法　　(2) 消防法
5．安全衛生 　　安全衛生に関する詳細な知識	1．商品装飾展示作業に伴う安全衛生に関し、次に掲げる事項について詳細な知識を有すること。 　(1) 用具の危険性及び取扱い方法 　(2) 作業手順 　(3) 作業開始時の点検 　(4) 整理整頓及び清潔の保持 　(5) 事故時等における応急措置及び退避 　(6) その他商品装飾展示作業に関する安全又は衛生のために必要な事項 2．労働安全衛生法関係法令（商品装飾展示作業に関する部分に限る）について詳細な知識を有すること。
実　技　試　験	
商品装飾展示作業 　デザイン 　装飾展示	商品装飾展示のデザインができること。 1．商品特性に基づくプレゼンテーションができること。 2．ピニング（ピンワーク、ピンナップ）、テグスワーク、パディング、ハンギング、レイダウン、その他のフォーミング等による商品のビジュアルプレゼンテーションができること。

3 3級商品装飾展示技能検定試験の試験科目及びその範囲並びにその細目

(1) 技能検定試験の合格に必要な技能及びこれに関する知識の程度
　　商品装飾展示の職種における初級の技能者が通常有すべき技能及びこれに関する知識の程度を基準とする。
(2) 試験科目及びその範囲
　　下表の左欄のとおりである。
(3) 試験科目及びその範囲の細目
　　下表の右欄のとおりである。

試験科目及びその範囲	試験科目及びその範囲の細目
学 科 試 験 1.商品装飾展示一般 　ビジュアルマーチャンダイジング	ビジュアルマーチャンダイジング（VMD）に関し、次に掲げる事項について一般的な知識を有すること。 　(1) ビジュアルプレゼンテーション（VP） 　(2) ポイントオブセールスプレゼンテーション（PP） 　(3) アイテムプレゼンテーション（IP）
商品の販売促進計画	販売促進の方法及び特徴について概略の知識を有すること。
商品装飾展示が行われる業態、業種及びそれらの特徴	次に掲げる商品装飾展示が行われる業態、業種及びそれらの特徴について概略の知識を有すること。 　(1) ショッピングセンター　　(2) 百貨店 　(3) スーパー　　(4) 専門店　　(5) 一般小売店 　(6) メーカー及び問屋　　(7) その他
展示場所の種類、特徴及び使用方法	次に掲げる展示場所の種類、特徴及び使用方法について一般的な知識を有すること。 　(1) ショーウインドウ　　(2) ステージ　　(3) 壁　面 　(4) 柱　　(5) シーリング（天井空間）　　(6) テーブル 　(7) ショーケース　　(8) 棚　　(9) ゴンドラ 　(10) ワゴン　　(11) その他
売場の構成及び機能	売場の構成及び機能に関し、次に掲げる事項について概略の知識を有すること。 　(1) 器　具　　(2) 小道具　　(3) 導　線

試験科目及びその範囲	試験科目及びその範囲の細目
2. 商品装飾展示法 　　商品装飾展示の基礎知識	1. 商品装飾展示の用語について詳細な知識を有すること。 2. 商品特性について一般的な知識を有すること。 3. 商品装飾展示の基礎知識に関し、次に掲げる事項について概略の知識を有すること。 　(1) 消費動向　　(2) ライフスタイル 　(3) ファッション動向　　(4) 購買行動
商品装飾展示のデザイン	1. デザインの基礎に関し、次に掲げる事項について概略の知識を有すること。 　(1) 造形の要素　　(2) 色彩の機能及び効果 　(3) 照明の機能及び効果 2. プラン及びデザインに関し、次に掲げる事項について一般的な知識を有すること。 　(1) プラン及びデザインに関する図面の読図 　(2) 使用記号　　(3) 商品特性の表現
商品装飾展示に使用する用具、用材の種類、用途及び使用方法	1. 次に掲げる商品装飾展示に使用する用具の種類、用途及び使用方法について詳細な知識を有すること。 　(1) ガンタッカー　　(2) ニッパー　　(3) ペンチ 　(4) 金づち　　(5) はさみ　　(6) カッター 　(7) メジャー　　(8) ピンクッション 　(9) スケッチ用具　　(10) その他 2. 次に掲げる商品装飾展示に使用する用材の種類、用途及び使用方法について詳細な知識を有すること。 　(1) ピ　ン　　(2) テグス　　(3) 接着剤　　(4) テープ 　(5) クリップ　　(6) 紙　　(7) その他
装飾展示の方法	次に掲げる装飾展示の方法について一般的な知識を有すること。 　(1) ピニング（ピンワーク、ピンナップ） 　(2) テグスワーク　　(3) パディング　　(4) ハンギング 　(5) レイダウン（置き方）　　(6) 包装 　(7) その他のフォーミング
3. 材　　料 　　商品装飾展示に使用する材料の種類、用途及び使用方法	次に掲げる商品装飾展示に使用する材料の種類、用途及び使用方法について一般的な知識を有すること。 　(1) 布　　(2) リボン　　(3) ロープ 　(4) 紙　　(5) その他

試験科目及びその範囲	試験科目及びその範囲の細目
4.関係法規 　著作権法関係法令及び製造物責任法関係法令のうち、商品装飾展示に関する部分	1.デザインの知的財産権について概略の知識を有すること。 2.製造物責任法（商品装飾展示作業に関する部分に限る）について概略の知識を有すること。
5.安全衛生 　安全衛生に関する詳細な知識	1.商品装飾展示作業に伴う安全衛生に関し、次に掲げる事項について詳細な知識を有すること。 　(1) 用具の危険性及び取扱い方法 　(2) 整理整頓及び清潔の保持 　(3) 事故時等における応急措置及び退避 　(4) その他商品装飾展示作業に関する安全又は衛生のために必要な事項 2.労働安全衛生法関係法令（商品装飾展示作業に関する部分に限る）について詳細な知識を有すること。
実　技　試　験	
商品装飾展示作業 装飾展示	1.商品特性に基づくプレゼンテーションができること。 2.ピニング（ピンワーク、ピンナップ）、テグスワーク、パディング、ハンギング、レイダウン、その他のフォーミング等による商品の基礎的なビジュアルプレゼンテーションができること。

参考文献

『VMD 用語事典』(改訂版) 日本ビジュアルマーチャンダイジング協会編　エポック出版
『文化ファッション体系〈ディスプレイ・VP・VMD〉』文化服装学院編　文化服装学院教科書出版部
『日本風呂敷連合会冊子』
『お待たせしない実用ラッピング』服部雅代・里舘優美子著　マール社
『京ふろしき』久保村正高著　光村推古書院
『基本から応用まで　つつむ』学習研究社
『ギフトラッピングコーディネーター実技テキスト』全日本ギフト用品協会
『日本を楽しむ年中行事』三越　かんき出版
『ビジュアルマーチャンダイザー』早乙女喜栄子　繊研新聞社
『展示学事典』ぎょうせい　日本展示学会
『商業立地の知識』山下勇吉　日本経済新聞

その他の参考文献
『基本マーケティング用語事典・新版』牛正房芳　白桃書房　2004 年
『新編商業施設技術体系 1987 年』商業施設技術者団体連合会
『ディスプレイ・テクニック (婦人服装飾の基本とバリエーション)』大橋雅子著　文化出版局
『スカーフ・ストール・マフラー』 日本文芸社
『スカーフテクニック図鑑』PARCO 出版
武蔵野美術大学「造形ファイル」Web サイト
「The Drama of Display Visual Merchandising andIts Techniques」James Buckley (1953)
「Visual Merchandising」N.R.M.A (1976) (1985)
「Show Window」Barry J.Wood (1982)
「Store Planning design」Lawrence J.Israel (1994)
『消費と流通』田島義博 日本経済新聞社
「design,display,and Visual Merchandising」Jonny Tucker (2003)

あとがき

　本書『商品装飾展示技能検定ガイドブック』は、商品装飾展示技能検定の受検者のためのガイドブックとして2004年の初版から改訂を重ね、このたび従来の厚い1冊仕立てのスタイルを変えて、かねてより検討していた学科編と実技編の2冊仕立ての本として出版することができました。2冊仕立ての意図は、受検者の方々が日常いつでも携帯して学ぶことができるものに、という点も考慮したものです。

　このガイドブックの執筆と編集にあたった日本ビジュアルマーチャンダイジング協会は、設立当初より厚生労働省の技能検定支援という大役を担って、すでに32年という月日が経ちます。その間には、会員有志が関連用語を編纂した『VMD用語事典』を出版し、技能検定の知識を学ぶうえで大きな助けとなり、業界の共通認識を高めることができました。

　技能検定対応のガイドブックは、『VMD用語事典』に続く、商品装飾展示すなわちビジュアルマーチャンダイジング関連の基本の書ともいえます。知識のほかに、今まで学ぶ術が見いだせなかった専門的な領域の技術分野を、プロフェッショナルの執筆陣がそれぞれの得意分野を担当することで編纂しました。本書はその改訂版として昨秋より着手し、思いのほか月日を要しました。それは「商品装飾展示」という職種がいかに広範囲の知識と技術を必要としているか、そして変化する時代性などを考慮し、用語や内容を取捨選択したということの表れでもあります。

　より具体的に伝えたいという思いや、学生や初心者にも分かりやすくするためにはどの点を強化するか等々。技術の名称に始まり、新しい表現についてなど、さまざまな議論を重ねながらまとめました。また、初めての受検者にも積極的に挑戦していただきたいと、平成27年度から平成30年度まで4年間の過去問題も網羅しました。

　実店舗における小売りの現場は、ネット社会の急速な発展とともに大きな変化の中にあります。そんな中、人々が快適な商環境の中で満足を得ながら商品を購入するというリアリティーは、今後ますます極められ、洗練されていく必要があります。このガイドブックが、国家検定である「商品装飾展示技能検定」という資格試験を通じて、業界内での職域における認知度を高め、現場で活躍するプロフェッショナルたちの技能と技術のレベルアップに役立つことを願っています。

　編集にあたり、ご協力いただいた皆様に深く感謝いたします。

令和元年5月吉日　「商品装飾展示技能検定」ガイドブック編集委員会

国家検定 商品装飾展示技能検定ガイドブック
学科編

2006年2月3日　　初版第1刷発行
2009年4月22日　　改訂第1刷発行
2014年6月10日　　改訂第2版第1刷発行
2019年5月31日　　改訂第3版第1刷発行

編 著 者　　日本ビジュアルマーチャンダイジング協会
発 行 者　　佐々木 幸二
発 行 所　　繊研新聞社
　　　　　　〒103-0015 東京都中央区日本橋箱崎町31-4 箱崎314ビル
　　　　　　TEL.03(3661)3681　FAX.03(3666)4236
印刷・製本　　中央精版印刷株式会社
乱丁・落丁本はお取り替えいたします。

Ⓒ NIHON VISUAL MERCHANDISING KYOKAI, 2019 Printed in Japan
ISBN978-4-88124-333-6　C3063